COUP D'OEIL

SUR

LES CONSTITUTIONS

ET

LES PARTIS EN FRANCE.

LYON, IMPRIMERIE DE RUSAND.

COUP D'ŒIL

SUR

LES CONSTITUTIONS

ET

LES PARTIS EN FRANCE,

PAR A. R. DEDILON.

A LYON,

CHEZ RUSAND, LIBRAIRE, IMPRIMEUR DU ROI.

A PARIS,

A LA LIBRAIRIE ECCLÉSIASTIQUE DE RUSAND,

rue du Pot-de-Fer-St-Sulpice, n.º 8.

1827.

COUP D'ŒIL

SUR

LES CONSTITUTIONS

ET

LES PARTIS EN FRANCE,

Par A. R. DEDILON.

—————◈—————

§. I.er Les philosophes nous disent que tous les hommes naissent libres et égaux. Cela est vrai en ce sens, que la nature n'imprime pas sur le front des hommes la marque du commandement ou de l'obéissance. Ainsi les hommes sont libres et égaux sauf l'empire de ceux auxquels ils sont nécessairement et naturellement soumis.

En sortant des mains de la nature, l'homme se trouve d'abord sous l'autorité paternelle, et ensuite sous l'autorité qui régit l'association dont il fait partie. Dans cet état il jouit encore de sa liberté, mais en tant que par l'exercice de cette liberté il ne nuit pas à autrui, et ne contrevient pas aux règles et usages de la société. Il jouit aussi de l'égalité, en ce sens qu'il a droit, comme tous les membres de la société, à la protection du pouvoir et des lois.

Mais il n'est pas exact de dire que la liberté et l'égalité proviennent de l'état de nature. Un homme est libre, lorsqu'il n'est point soumis à un autre homme, lorsqu'il n'a ni chefs, ni supérieurs ; or,

A

la soumission , les chefs , les supérieurs , ne se
trouvent que dans l'état de société ; dans cet état
l'homme peut être soumis , mais il est libre lorsqu'il n'obéit pas à un homme comme à son maître ,
mais à la loi ou aux usages qui commandent à tous.
L'homme dans l'état de nature vit seul , isolé , et
l'on ne saurait dire que cet homme , retiré dans le
creux d'un rocher ou dans le fond d'une forêt, est
un homme libre, puisque la liberté n'est que l'absence
de la soumission, et qu'un homme seul ne peut dé-
pendre que de soi-même. On ne saurait dire non
plus que cet homme jouit de l'égalité , parce que
l'égalité n'a lieu que par la comparaison des positions et dans les rapports sociaux. Ce mot *égalité*
est vide de sens pour l'homme de la nature. Ainsi la
liberté et l'égalité naissent de l'état de société , et
ce n'est que dans cet état qu'elles sont utiles à
l'homme.

Il est dans l'ordre de la nature que les enfans
habitent avec leur père , et qu'ils ne s'en éloignent
pas alors même qu'ils produisent de nouvelles familles. C'est ainsi que la société s'est formée ; mais
si chaque membre de la société jouissait d'une liberté absolue, cette société serait bientôt boule-
versée. Pour éviter ce danger , la liberté a été
bornée et subordonnée aux lois ou usages établis ,
que nul ne peut enfreindre sans attenter à la liberté
de ses co-associés et à la sienne propre.

Cette restriction qui résulte des lois générales ,
n'est pas la seule que l'homme réuni en société doive
souffrir ; il en est une infinité d'autres qui proviennent des positions sociales et des relations qui
s'établissent successivement. A cet égard , il n'y a
nulle différence entre les divers genres de sociétés ,

ni entre les diverses formes de gouvernement. Il en est de même de l'égalité , elle n'a lieu que devant la loi ; mais hors de là on ne la trouve nulle part , parce qu'effectivement elle ne peut exister. Que si l'on mettoit dans une contrée un nombre donné d'hommes parfaitement égaux , c'est-à-dire , n'ayant ni plus ni moins l'un que l'autre en supériorité , en fortune , en force , en talens : ou ils iraient vivre chacun de son côté , ou , s'ils restaient en société , l'égalité disparaîtrait forcément dans peu de temps , parce qu'il s'établirait des supériorités.

« Cette égalité de droit, chimère de la liberté ab-
» solue, est impossible ; car les nations les plus enne-
» mies de tout frein sont obligées d'élever très-haut
» quelques citoyens, et elles se gardent bien de con-
» fondre les hommes et les talens ; mais, si cette
» égalité était possible, elle serait le comble de l'in-
» justice. Vouloir mettre au même rang les génies les
» plus sublimes et cette multitude obscure, élément
» nécessaire de toute population, c'est être souve-
» rainement inique par esprit d'équité. »

Demander une liberté et une égalité absolues , comme le font certains hommes, est une véritable aberration d'esprit ; c'est demander la dissolution des sociétés, et appeler l'anarchie et la barbarie au secours de l'ordre et de la civilisation.

De ce faux principe, que tous les hommes sont libres et égaux , les publicistes tirent ces conséquences également fausses : que les hommes ont le droit de faire ce qu'ils veulent, d'aller et de demeurer où bon leur semble ; qu'ils ne sont soumis à aucune autorité , à aucun chef, à aucun usage ni à aucune loi ; c'est-à-dire que les hommes n'ont aucune obligation à remplir, si ce n'est celles qu'ils s'imposent eux-mêmes.

A 2

Il est facile d'apercevoir le but que veulent atteindre les partisans de cette doctrine : c'est de mettre l'autorité entre les mains des peuples, et de leur accorder la puissance souveraine ; car, disent-ils, pour qu'il y eût un chef, c'est-à-dire un prince, il a fallu qu'un gouvernement fût nécessaire ; le gouvernement n'a été nécessité que par la formation d'une société, et la société ne s'est formée que lorsqu'il y eut des hommes. Les hommes sont l'origine de toute société ; donc les hommes ont le droit de faire les règlemens de cette société.

Ces raisonnemens séduisent au premier aspect ; mais ils ne peuvent laisser d'impressions durables que dans des esprits incapables de réflexion. Expliquons-nous :

Les chefs ont-ils précédé les peuples, ou bien sont-ce les peuples qui ont précédé les chefs ? En d'autres termes, et comme le disent les philosophes : les Rois ont-ils été faits pour les peuples, ou les peuples pour les Rois ? Voilà toute la question. Pour la résoudre, il faut remonter à la source, ainsi que le veulent les philosophes eux-mêmes ; c'est ce que nous allons faire le plus rapidement possible, non dans un esprit systématique, mais dans un esprit de vérité.

Si les hommes ont précédé leur chef, il faut nécessairement admettre que la terre, ou une partie de la terre, s'est tout à coup trouvée peuplée. Si cela était, il serait vrai de dire que les hommes, spontanément réunis, et n'ayant pas plus de droits l'un que l'autre, ont voulu vivre en société ; qu'ils ont, d'un commun accord, fait les règlemens de cette société, et que tout en conservant le pouvoir qui n'appartenait à aucun d'eux, ils en ont délégué l'exercice dans l'intérêt de tous ; que cette délégation n'étant qu'un simple consentement, un simple mandat du corps social, le corps social était toujours libre de le retirer pour le faire exercer par un autre, d'après les bornes et les obligations imposées.

Ceci expliquerait la souveraineté des peuples, les gouvernemens populaires et la dépendance des Princes et des Rois.

Mais les hommes ont-ils surgi en foule, soit sur toute la surface du globe, soit dans une contrée? l'Auteur de toutes choses a-t-il créé dans un instant toute une population? Non certainement. Tous les hommes descendent d'un même père, et nous n'appuycrons pas seulement cette opinion des saintes Ecritures que l'esprit philosophique s'efforce de rejeter, comme il rejette tout ce qui est pur; mais encore des histoires et des traditions de tous les peuples, quel que soit leur état de civilisation ou de barbarie. En effet, il n'est pas un peuple qui n'ait l'idée de la création, et il n'est pas un peuple qui ne donne un seul auteur au genre humain; après cela, la vérité est mêlée à la fable, parce que la science n'a pas pénétré partout, et que les ignorans sont amis du merveilleux : mais l'important est que tous les hommes de tous les temps et de tous les lieux, sauvages ou civilisés, ignorans ou instruits, païens ou chrétiens, se sont réunis sur ce point, qu'ils proviennent d'une souche commune. Rejetez notre religion, niez sa révélation, déchirez les livres saints, anéantissez nos croyances, il restera toujours comme vérité historique, comme vérité de tradition, qu'il naquit un homme et que cet homme fut le père de tous.

Rien n'empêche aux philosophes de bâtir des systèmes, chacun est libre d'en faire; ils peuvent donc

soutenir qu'il y eut d'abord une multitude d'hommes,
et que ces hommes ont formé un association; mais
ils ne pourront s'appuyer d'aucune preuve; à défaut
de preuves, ils n'auront pas pour eux la croyance uni-
verselle : aussi n'est-ce qu'avec le secours de la dé-
ception et du mensonge qu'ils parviennent à s'emparer de l'esprit des hommes faibles et irréfléchis.

§. II. La première société a été celle du premier cou-
ple; l'homme en fut le maître, parce qu'en lui réside
la force. « Mais la nature ayant donné à tous les
» êtres animés le désir de se reproduire, » cette
société fut bientôt augmentée; et, comme il est dans
l'ordre que le père commande à ses enfans, le père
demeura le chef de la société. A lui seul appartint
d'en régler les statuts, de les changer, modifier; à
lui seul appartint d'imposer des charges et d'accorder des récompenses. Nul ne put prétendre à
cette puissance, ni la partager, ni la diminuer; car il
la tenait de la nature.

Cette famille en produisit bientôt de nouvelles qui
se groupèrent autour d'elle, et reçurent naturellement
les lois du chef commun. Ce chef eut le nom de
père de famille, de patriarche, de prince, de roi,
ou tout autre; mais quel que fût le nom qu'il prit ou
qu'on lui donna, il fut le maître naturel de la société;
et c'est à cette origine toute divine que les Princes et
les Rois de la terre ont dû leur pouvoir et leur
puissance.

Ainsi donc, que la terre ait été peuplée par Adam
et ses enfans, par Noé et ses enfans, ou par tous
autres, la première société est descendue d'un seul
homme. Cet homme avoit nécessairement et naturellement l'autorité sur ses enfans, sur sa famille,
sur sa société.

Le chef de la famille et de la société a donc été le premier ; ainsi ce n'est pas la société qui a précédé son chef, mais le chef qui a précédé la société.

Si l'on croyoit les philosophes, dans l'origine les enfans quittoient leurs pères aussitôt qu'ils pouvaient se passer d'eux. Ces enfans allaient se blottir dans quelques creux d'arbre, comme des petits ours, jusqu'à ce qu'ils eussent attrapé des femelles pour faire des enfans qui les fuyaient bientôt. Lorsqu'il y eut une grande quantité de ces animaux, qui broutaient l'herbe des champs, car ils n'avaient pas encore le luxe du gland, il se trouva un génie supérieur qui résolut de faire cesser leur vie sauvage et vagabonde, en les réunissant en société. En conséquence il les fit *ramasser* dans les forêts et rassembler en un même lieu, comme on ramasse des coquillages sur les bords de la mer et comme on rassemble des bœufs dispersés dans la prairie. Après quoi ces animaux sauvages firent un contrat social qui, bien entendu, posa ce principe, que la souveraineté est dans le peuple, et que le peuple l'exerce ou la fait exercer comme bon lui semble. Mais revenons à notre sujet.

Lorsque la première famille fut devenue trop nombreuse, et que la contrée choisie par le chef ne put plus la contenir et fournir à ses besoins, des jeunes couples s'en séparèrent et furent chacun de son côté fonder de nouvelles familles et de nouvelles sociétés, qui par la suite eurent un surcroît de population qui s'en détacha de la même manière ; c'est ainsi que la terre se trouva peuplée.

Chacune de ces nouvelles colonies eut pour chef le père de famille et ne put en avoir d'autre, puisqu'il fut le premier et le seul auteur. Tout pouvoir lui appartenait donc, et il ne devait ce pouvoir qu'à Dieu, puisqu'avant lui il n'y avait que Dieu, et qu'après lui il n'y avait que sa postérité.

À la mort du chef, de ce père de famille, son autorité est tout naturellement passée à l'aîné de ses enfans, et ainsi de suite toujours à l'aîné ; car c'était l'ordre naturel que le premier-né prît la place du père. Cela se pratique encore ainsi chez une infinité de peuples, et dans notre Europe même, nous avons des traces visibles de cette antique et naturelle loi qui accorde à l'aîné les titres et les prérogatives du père.

Telle est l'origine des sociétés, des principautés et des monarchies ; telle est aussi l'origine des chefs, des princes et des rois.

Sans doute, dans la suite des temps cet ordre naturel a été interverti ; mais le principe n'a pu être détruit, et ce n'est qu'en le conservant si on l'a toujours suivi, ou en y retournant si l'on s'en est éloigné, que l'on peut trouver la félicité que la bonté divine a départie aux mortels.

§. III. C'est en confondant le mot et la chose, c'est-à-dire la puissance avec le nom qu'on lui donne, que des hommes dont la philosophie a corrompu les intentions et les mœurs, écrivent que non-seulement la royauté n'est pas d'institution divine, mais qu'elle ne fut établie qu'en blessant la Divinité. On se fonde sur un passage de Samuel, qui rapporte que le peuple s'assembla pour demander un roi, et que cette demande déplut au Seigneur.

Nous ferons d'abord ici une courte remarque : Si le peuple d'Israel déplut au Seigneur en lui demandant un roi, c'est apparemment que le Seigneur voulait que son peuple continuât de vivre sous son ancien gouvernement : cet ancien gouvernement était théocratique ; or, si les philosophes s'appuient de ce passage de Samuel pour soutenir que l'établissement de la royauté a été fait contre les intentions du Seigneur, il faut qu'ils admettent que le gouvernement qui existait était conforme à ses intentions ; conséquemment la théocratie seroit dans les vues de la Divinité : c'est cependant ce que les philosophes rejettent par-dessus tout ; preuve de plus de leur mauvaise foi.

Mais retournons au colloque de Samuel et du peuple d'Israel, et nous verrons que les conséquences que l'on en tire contre la royauté sont fausses. .

A l'époque de Samuel il existoit déjà une infinité de peuples qui tous avoient leurs chefs, leur mode de gouvernement. Le peuple d'Israel qui seul marchoit dans les voies du Seigneur, vivoit sous le gouvernement théocratique, et le chef de ce gouvernement transmettoit à ses enfans son autorité et son sacerdoce. Les autres nations avoient des rois qui transmettoient également leur autorité à leurs enfans ; car il faut répéter ici qu'il ne s'agissoit que de l'autorité.

Or, lorsque Israel s'assembla et vint demander à Samuel un roi, comme en avaient les autres nations, ce peuple ne détruisit pas l'autorité, mais les formes sous lesquelles elle était exercée ; cependant cette demande était contraire à l'ordre particulier établi pour ce peuple : voilà pourquoi le Seigneur en fut mécontent ; ce mécontentement eût été le même, si précédemment Israel eût été gouverné par un roi, et qu'il eût voulu le remplacer par son grand-prêtre. Ce n'est donc pas la royauté que le Seigneur repoussait, mais la substitution d'un homme du peuple au grand-prêtre. Ce n'était pas non plus l'autorité que le peuple repoussait, mais l'homme qui en était nanti, et les enfans de cet homme. Cette autorité ne reçut aucune atteinte ; elle resta dans sa plénitude, dans toute la force que la nature lui avait donnée, et fut exercée par le roi comme elle l'avait été par le pontife.

Remarquez bien que la royauté qui existait chez les gentils, était une conséquence très-naturelle de l'origine du pouvoir. Le pouvoir, comme nous l'avons dit, appartenait au chef de la famille, qui le transmettait successivement au premier-né de ses enfans ; et lorsqu'il y eut plusieurs familles, plusieurs nations, les unes suivirent les voies du Seigneur, les autres s'en éloignèrent et devinrent idolâtres : les chefs de ces diverses nations n'exercèrent pas leur autorité sous le même titre ; ils furent Patriarches, Prêtres, Rois, etc., selon leurs idées religieuses ; mais l'autorité était toujours la même et provenait de la même source.

Il est donc vrai que les chefs ont précédé leur famille, leur société, leur nation ; et si vous donnez à ces chefs le nom de roi, ce qui au surplus est peu important, il sera également vrai que ces rois ont précédé leurs peuples. Il sera encore vrai que l'autorité appartient à un seul homme, et que cet homme l'exerce dans la plénitude de sa volonté, en prenant toutefois pour base l'intérêt de la société, car cette même loi naturelle qui l'appelle au pouvoir ne veut pas qu'il en abuse.

De ces principes incontestables il résulte nécessairement que le gouvernement d'un seul est le gouvernement naturel, et que les gouvernemens populaires sont des accidens et des infractions manifestes à la loi naturelle.

Abandonner cette loi qui est l'ouvrage de Dieu même, pour suivre des lois faites par les hommes, c'est courir d'écueils en écueils et se précipiter dans un abîme sans fond.

L'histoire à la main, l'on peut compter les peuples qui ont commis cette faute, et faire le tableau des maux qui les ont accablés. L'histoire est une grande leçon.

Les villes de la Grèce, acharnées les unes contre les autres, poussées qu'elles étaient par des autorités populaires, sont devenues dans leur affaiblissement la proie des conquérans, et elles ont disparu avec leurs gouvernemens, comme pour faire voir aux nations la fragilité des institutions humaines et leurs terribles résultats. Rome s'élevant orgueilleusement et soumettant le monde à sa domination, semblait devoir braver l'orage qu'elle appelait sur sa tête ; mais parvenue au faîte de la grandeur, le précipice s'ouvrit sous ses pas ; elle s'y engloutit. Son nom ne seroit pas venu jusqu'à nous, sans quelques écrits qui en rappellent le souvenir.

A Rome c'était le gouvernement populaire, tempéré cependant par une sorte d'aristocratie ; mais quand la patrie était en danger, ce qui arrivait fort souvent, le pouvoir était remis aux mains d'un seul homme, et ce pouvoir était affranchi de toutes entraves, il était sans bornes. La dictature était une monarchie absolue ; en y recourant les Romains se remettaient sous l'égide de la loi naturelle : mais affranchis du péril, ils oubliaient le bienfait ; ils furent punis de leur ingratitude.

Nous avons été témoins de la révolution française. Si le peuple souverain eût continué son règne, il y a déjà long-temps que ce souverain serait dans la tombe. La monarchie seule l'a sauvé de ses propres fureurs.

Déplacer l'autorité, c'est-à-dire la faire passer des mains de son possesseur naturel aux mains du peuple ou d'une fraction du peuple, c'est appeler les révolutions, l'anarchie et la guerre civile. Mais est-il plus sage de donner des liens à cette autorité, d'en demander le partage? Une autorité divisée peut-elle être bienfaisante?

Lorsque les efforts des novateurs contre le trône ont été infructueux, ils attaquent l'autorité, et cherchent à en ravir quelques lambeaux. Le prince cède volontairement ou se soumet à la force ; alors il s'établit un gouvernement mixte, dans lequel le peuple a une place réservée.

Ce nouveau genre de gouvernement, quelque bon qu'il puisse paraître, n'est pas moins une infraction à la loi naturelle. Cependant, s'il fallait absolument s'éloigner des principes et suivre une nouvelle voie, la prudence exigerait que la marche fût lente.

« La constitution politique de Rome ne fut pas » l'ouvrage d'une seule époque ni d'un seul homme. » La constitution anglaise ne s'est point non plus faite dans un jour ; les diverses parties sont venues successivement, portées sur des flots de sang. Transporter subitement un peuple, du gouvernement naturel dans un gouvernement constitutionnel, c'est comme si on le transportait d'un pôle à l'autre; car il en est des mœurs comme des tempéramens, elles ont besoin d'être acclimatées. Il ne faut donc pas s'étonner que des peuples résistent aux menaces et aux séductions des novateurs, puisqu'ils sont assez heureusement inspirés pour ne pas trouver d'autre voie de salut que dans leur persistance à observer la loi naturelle.

§. IV. Mais enfin, s'il convenait un jour à certains peuples d'abandonner leur antique gouvernement, et de se confier au règne des constitutions, ils ne seraient peut-être pas fâchés de trouver quelques *mots* sur ces constitutions, ailleurs que dans les livres du parti qui s'efforce de les propager.

Il s'agit, d'abord, de savoir par qui la constitution sera faite ; et sur ce point, les avis sont partagés. Les uns prétendent qu'elle doit être l'œuvre du Prince et du peuple conjointement, parce que, disent-ils, le Prince et le peuple doivent se réunir pour déterminer les droits de chacun, et fixer les limites du pouvoir. D'autres soutiennent qu'au Prince seul appartient le droit de donner des règles et de poser des bornes à son autorité ; d'autres encore accordent ce droit au peuple seul. Nous ne parlons pas de ceux qui rejettent toute espèce de traité, parce que, d'après leur opinion, il n'est pas nécessaire que l'autorité du Prince soit limitée ; car ces derniers pourraient bien avoir raison, et notre tâche serait finie. Quant aux premiers, nous aurions peine à décider sur le mérite de leurs prétentions respectives ; car il s'agit partout de violer la loi naturelle, et nous ne voyons pas qui peut en avoir le droit. Cependant, comme il est question de la chose du Prince, plus que de la chose du peuple, nous accorderions la préférence à ceux qui donnent au Prince le droit de déchirer le vieux pacte de famille, si cela pouvait avoir quelque importance ; mais lorsqu'on sort de la seule voie qui conduise au but, il est indifférent que l'on prenne à droite ou à gauche ; aussi, n'avons-nous pas à examiner ce qui devrait être, mais ce que l'on veut qui soit.

A moins de reconnaître la souveraineté du peuple, et de lui donner par-là même le droit d'élire ses chefs, et de les déposer, le pacte avec le Prince légitime peut être présenté ou par le Prince ou par le peuple; mais il n'aura de valeur que lorsqu'il aura été adopté ou par le Prince ou par le peuple.

Ainsi, le Prince ne pourrait pas faire à lui tout seul une constitution, et cela lui serait impossible, rigoureusement parlant; car, supposons que ce Prince voulût tracer des limites à son pouvoir, il fait une constitution. Eh! bien, jusque-là qu'est cet acte? Rien du tout. Supposons même qu'il le fasse publier et qu'il l'observe, que sera-t-il? Rien encore; car si le Prince peut l'exécuter, il peut aussi le détruire sans que personne puisse s'y opposer.

Substituez le peuple au Prince, et faites le même raisonnement; vous aurez les mêmes résultats.

Si le Prince, après avoir fait la constitution, la présente au peuple, le peuple ne peut être forcé de l'accepter; s'il la rejette, elle est sans valeur. Si c'est le peuple qui a fait cet acte, et que le Prince le refuse, il est également sans valeur; mais s'il y a acceptation, le lien est formé.

C'est donc l'acceptation seule qui donne la force; or, demander l'acceptation d'un acte, c'est reconnaître le droit de concourir à sa confection; l'accepter, c'est avouer qu'on ne l'eût pas rédigé autrement.

A propos d'une constitution émanée de la volonté du Prince, on a prétendu que si le Prince avait eu le droit de la donner, il avait le droit de la détruire; et cette prétention était de la secte des démolisseurs du trône. On pense bien que leur but était de jeter de l'inquiétude dans le peuple, et d'exciter sa haine. Cependant ils avaient raison, et ils avaient tort. Ils avaient raison, s'ils se fondaient sur la loi naturelle; car le Prince n'avait pas le droit de s'en éloigner; et

comme son engagement était nul, il n'était pas tenu
de l'observer. Mais ils avaient tort, s'ils se fondaient
sur le droit établi par les hommes ; car il en est des
grandes affaires comme des petites , et la transaction
faite entre un Prince et son peuple a autant de force
que celle faite entre particuliers. Du moment qu'il y
a acceptation mutuelle, l'acte est indissoluble. Ainsi,
un Prince qui présente une constitution au peuple,
et qui la jure avec lui, ne peut plus la détruire qu'avec
le consentement du peuple.

Cette constitution, une fois établie, doit être in-
violable, encore bien qu'elle ne fût pas parfaite ; car
la stabilité est une des conditions de l'ordre. Toutefois il y a des exceptions.

Si, par exemple , il y avait dans la constitution une
disposition fautive, inexécutable ou dangereuse pour
l'Etat, qu'en ferait-on ? Assurément on l'annulerait
pour lui en substituer une plus convenable, l'obligation en serait rigoureuse ; et certes, il ne serait pas
un bon citoyen qui n'applaudît. Si, au lieu d'une disposition fautive, inexécutable ou dangereuse, l'acte
constitutionnel en recélait plusieurs , ne faudrait-il
pas de toute nécessité faire pour elles ce qu'on eût fait
pour une seule ? Et si tous les principes émis par
cette constitution étaient contraires à l'intérêt, à l'esprit et aux vœux du peuple ; si toutes les dispositions
étaient reconnues vicieuses, et présentaient un danger imminent, ne faudrait-il pas se hâter de détruire
cette constitution et d'en faire une plus sage ? Vou-
drait-on la conserver ? Mais on ne le pourrait pas ;
car on ne peut faire que ce qui est faisable , malgré
ses promesses et ses efforts.

Non-seulement il y a nécessité de détruire une
constitution dont les principes sont contraires au bien

public , mais encore il peut y avoir nécessité d'annuler une constitution dont les principes sont conformes aux vœux et aux besoins du peuple et du Prince ; car il ne suffit pas qu'une constitution soit bonne intrinsèquement, il faut encore que ce qui en ressort et la complète, par exemple, l'organisation de diverses branches de service, soit convenablement faite.

La constitution veut qu'il y ait des corps institués à vie ou héréditairement : voilà le principe ; ce principe est bon. L'organisation de ces corps appartient au Prince : le Prince y procède ; voilà le complément de la disposition constitutionnelle ; mais cette organisation est mal faite , il y a dès-lors une mauvaise chose qui découle d'un bon principe.

Supposons qu'un corps institué à vie nuise au gouvernement, qu'il entrave sa marche ; voilà un danger auquel il faut se soustraire : mais comment ? Destituer les membres de ce corps ? On ne le peut pas, puisqu'ils sont inamovibles. Abolir ce corps lui-même ? On ne le peut pas davantage , puisqu'il est établi d'après la constitution. Cependant si l'action du gouvernement est paralysée , il faut absolument lever les obstacles ; il faut recourir au corps législatif. Mais que fera le corps législatif? Destituera-t-il lui-même les membres du corps opposant ? Il ne le peut pas; car il s'immiscerait dans l'administration dont il est exclu, il excéderait d'ailleurs son autorité. Autorisera-t-il le Prince à faire cette destitution? Mais il n'en a pas le droit; et s'il le faisait, il y aurait nullité ; car la disposition constitutionnelle existerait toujours : on n'aurait donc pas d'autres moyens que de retrancher cette disposition, car alors rien de ce qu'elle prescrivait n'existant plus, il ne resterait qu'à la rétablir pour que le gouvernement fît un choix plus convenable.

Le

Le gouvernement pourrait donc trouver un re-
mède au mal dans le concours du corps législatif ;
mais si la résistance se trouvait dans le corps législatif lui-même, et qu'il fût institué à vie ou héréditairement ? s'il donnait un vote négatif sur des
projets d'une utilité reconnue, présentés par le gouvernement ; s'il refusait les subsides et le recrutement
de l'armée ; si enfin les membres ou une partie des
membres de ce corps étaient les ennemis déclarés de
l'ordre établi, que faudrait-il faire alors ?

Dira-t-on que ce sont des obstacles créés par fantaisie, des craintes chimériques ; que rien de tout cela n'arrivera ? Nous le croyons ; mais enfin il n'y a pas impossibilité, et cela suffit pour provoquer notre examen.

Certainement, lorsque la constitution a donné au
législateur le droit d'approuver les lois présentées
par le gouvernement, elle lui a donné le droit de
les rejeter. Cependant le gouvernement qui ne peut
rien faire au-delà de la constitution, et qui ne peut
pas obtenir ce qu'elle permet, se trouve anéanti de
fait : or, quand il n'y a plus de gouvernement il n'y
a plus de trône.

Pour lever l'obstacle, il faudrait supprimer le corps ;
mais cela ne se peut pas, puisqu'il est un des pouvoirs établis par la constitution ; on ne pourait
pas non plus en expulser les membres, puisqu'ils
ont une qualité inamovible ou héréditaire ; il faut
donc remonter plus haut, et détruire la source du
mal qui est la constitution elle-même.

Mais qui prendra ce soin ? est-ce le Prince et le
peuple conjointement ? est-ce le peuple seul, ou le
Prince seul ?

Nous avons dit qu'il était indifférent que la constitution fût l'ouvrage du Prince ou du peuple, ou des

B

deux ensemble ; que c'était l'acceptation qui lui
donnait sa force et la rendait indissoluble. Il ré-
sulterait de là que la constitution ne pourrait être
détruite que d'un consentement mutuel, et cela
serait vrai, s'il s'agissait d'une destruction dans toute
l'acception du mot ; mais nous n'entendons parler
que d'une destruction à charge de réédification avec
les mêmes matériaux.

Le peuple et le Prince veulent la constitution,
mais cette constitution n'existe plus du moment que
sa marche est arrêtée, et ce serait ne la vouloir
plus, que de s'opposer à ce que les obstacles fussent
levés. Ces obstacles ne proviennent pas du peuple,
car le peuple n'a concouru qu'à l'établissement des
principes ; c'est le Prince qui, en partant de ce
principe, a pris une fausse direction ; c'est donc à
lui de réparer le mal, et à lui seul : car, indépendamment de ce qu'en toutes choses il faut agir par les
voies les plus simples, le Prince a le plus d'intérêt ;
il a le plus d'intérêt, parce que la conduite du corps
législatif peut lui faire perdre la couronne.

Il y a encore une raison déterminante en faveur
du Prince : c'est qu'il est probable que le corps
législatif ne se met pas en opposition manifeste avec
le Gouvernement, sans se donner un appui dans cette
classe d'hommes qui ne recherche que les troubles.
Demander l'avis du peuple, ce serait seconder les
vues des perturbateurs et provoquer leurs mouvemens ; il est de l'intérêt du peuple, comme de l'intérêt du Prince, que la tranquillité publique ne soit
pas compromise.

Il ne s'agit donc que d'annuler la constitution,
en ce sens que cette annulation est nécessaire au
Prince pour remplacer les ennemis de la constitution,

du trône et de la patrie. Il ne reste plus qu'à appeler aux fonctions législatives de meilleurs citoyens, en vertu d'une autre constitution établie sur les mêmes principes. Le peuple ne perd rien, il n'y a de changé que des hommes dont la nomination appartenait au Prince.

§. V. On ne manquera pas de nous faire une objection sur le serment prêté à la constitution, et nous allons y répondre.

Lorsque vous avez fait une constitution, c'était pour le bien de la nation? — Oui. — Lorsque vous avez prêté serment à cette constitution et que vous avez juré de l'observer, vous avez eu l'idée qu'elle remplirait l'objet de son institution, c'est-à-dire qu'elle ferait le bien de la nation? — Oui. — Ainsi, c'est moins la constitution en elle-même que vous avez jurée, que les bienfaits que vous en attendiez? — Certainement. — En jurant la constitution, vous avez entendu jurer le bonheur de votre patrie? — Oui. — Mais si, au lieu de faire le bien, cette constitution faisait le mal, l'observeriez-vous? — Non, car je trahirais mon serment, puisque j'ai juré de faire le bien. — Ainsi vous annuleriez votre constitution? — Sans doute, puisqu'elle serait contraire à mes vœux et à ma foi jurée. — Ce n'est donc pas en l'annulant que l'on trahirait son serment? — Non, mais en la conservant.

Ce que nous disons ici est assurément très-licite et très-naturel, car le serment de faire le mal ou d'exécuter une convention impossible ne peut être valable ni d'après la loi humaine, ni d'après la loi divine.

« Le serment n'est point une convention nouvelle; il ne produit pas d'obligation de sa nature, il est seulement ajouté comme un lien accessoire pour rendre plus fort un engagement déjà valable par lui-même. »

« Il suit de là, que nul acte accompagné de quelque vice qui le rend incapable de produire une obligation, ne devient jamais obligatoire par l'interposition du serment. »

« Il suit encore de là, que toute promesse et toute convention faite par erreur ne pouvant produire aucune obligation, le serment n'oblige point, lorsque celui qui a juré supposait alors manifestement un fait qui ne se trouve pas tel qu'il l'a cru, en sorte que s'il eût su la chose comme elle est, il se fût abstenu de jurer. »

Il serait absurde, en effet, qu'une promesse nulle en elle-même, fût effectivement valable par le serment.

« Pour qu'un serment obligatoire soit valable, il faut encore que ce à quoi l'on s'engage, n'ait rien d'illicite en lui-même. Ainsi une promesse faite avec serment est nulle, toutes les fois qu'elle roule sur quelque chose de défendu par le droit naturel ou par le droit divin, ou même par le droit humain. »

Nous ne dirons pas, dans le cas qui nous occupe, que le serment est nul, parce qu'il s'agit d'une convention réprouvée par le droit naturel et le droit divin, mais qu'il peut être annulé en vertu du droit humain ; parce que le droit humain ne peut vouloir que le bien de la société humaine, et qu'il ne peut approuver ce qui produirait le mal, ni ce qui serait illicite.

« En un mot, il est certain que le serment ne change point la nature et le fond des promesses ou des conventions auxquelles il est ajouté. Ainsi les sermens qui regardent des choses absolument impossibles n'obligent point. »

Lorsqu'on fait une promesse de laquelle on attend un bien, si l'exécution de cette promesse produit un mal, elle est nulle, et le serment qu'on a fait de l'exécuter doit être annulé; car la promesse et le serment n'avaient en vue que le bien qu'on ne peut obtenir.

Lorsqu'on fait une constitution politique, on se propose deux choses : l'une, qu'elle pourra être exécutée, l'autre, qu'elle fera le bonheur de la nation. Mais si elle est inexécutable, ou qu'elle produise le mal, elle est nulle de droit comme de fait, et le serment qu'on avait prêté de l'observer n'a plus d'objet.

Nous parlons ici d'un serment libre, à plus forte raison un serment forcé serait-il sans valeur.

La force s'exerce de deux manières, ou par les hommes, ou par les circonstances. Par exemple, des hommes peuvent, par une volonté tyrannique, nous imposer des obligations et nous en faire jurer l'exécution; de même des circonstances majeures peuvent avoir sur nous cet empire, de nous faire souscrire des engagemens onéreux, que nous eussions rejetés si les événemens eussent suivi leur cours ordinaire. Assurément, dans ces cas, l'obligation est nulle, et le serment ne peut la valider. Nous pouvons invoquer cette nullité lorsque nous sommes affranchis de la tyrannie ou des circonstances qui nous avaient asservis.

« Le serment n'exclut pas non plus les conditions et les restrictions tacites. » Lorsque vous nous forcez à jurer, si nous préférons notre vie en vous obéissant, à la mort en vous refusant, nous pouvons jurer, mais protester intérieurement contre le serment et la violence que vous nous faites : » *nous jurons de la langue, et non pas du cœur.* »

On nous dira que c'est ici la restriction mentale des Jésuites, et que nous avons pris nos préceptes à

Montrouge ou à Saint-Acheul : pas du tout, cela vient de *Puffendorf* qui l'a pris à *Cicéron*.

Juravi linguá , mentem injuratam gero.

Cicéron l'avait emprunté à la tragédie d'Hippolyte, et il n'y avait pas de Jésuites avant *Euripide*.

Le serment est-il un acte religieux ? Oui, en ce sens que la religion veut que nous remplissions nos engagemens ; mais il faut bien distinguer le vœu, du serment. Le vœu est une obligation contractée envers Dieu ; le serment est un engagement contracté envers les hommes.

Dans un péril imminent nous adressons nos prières à Dieu, nous le supplions d'avoir pitié de nous, de nous sauver. Nous pouvons ajouter à nos prières un vœu : Mon Dieu, si vous nous délivrez du péril qui nous menace, nous ferons telle chose. Cette chose nous la devons, et si nous manquions à notre promesse, nous manquerions à Dieu, envers lequel nous nous sommes engagés.

De même lorsque nous promettons aux hommes de faire telle chose, nous devons accomplir nos promesses, s'il n'y a pas impossibilité ; autrement nous manquons à notre parole, à notre foi ; nous offensons les hommes envers lesquels nous avons pris l'obligation ; nous offensons aussi Dieu, non parce que nous manquons à notre engagement envers lui, puisque nous n'en avons pas contracté directement, mais parce que nous avons pris Dieu à témoin de l'exécution de la promesse que nous avons faite aux hommes.

Il ne faut donc pas invoquer légèrement le nom de Dieu, ni jurer inconsidérément. Mais lorsqu'on fait une convention et qu'on a juré de l'exécuter, si cette convention est inexécutable ou dangereuse,

le serment, qui n'est qu'un accessoire, ne peut la rendre ni excusable, ni bienfaisante : dans ce cas il y a lieu de se faire relever du serment, et Dieu ne peut être offensé, car Dieu ne peut protéger que ce qui est bon. Toutefois, et en matière politique, il n'appartient pas aux hommes de décider qu'il y a nécessité de revenir sur la convention et le serment; car chacun ayant ses intérêts et ses passions, l'Etat tomberait bientôt dans la confusion et l'anarchie. C'est à l'autorité légitime seule à prononcer sur le mérite de la convention, parce que seule elle sait juger le bien ou le mal que peut produire cette convention. Ce n'est aussi qu'à l'autorité légitime seule qu'il appartient de dégager le peuple en général, et les citoyens en particulier, du serment qu'ils ont prêté.

Nous conviendrons que les cas prévus par nous, relativement aux corps politiques, ne peuvent être qu'excessivement rares, et que les moyens que nous avons indiqués ne doivent être employés qu'à la dernière extrémité, et lorsqu'il n'y en a pas d'autres de se garantir d'une grande catastrophe ; mais alors il ne faut pas hésiter, car l'hésitation est perfide.

§. VI. Nous avons raisonné sur les fâcheuses conséquences qui pouvaient naître de bons principes ; mais que serait-ce donc si la constitution portait en elle-même un germe de destruction, comme, par exemple, la constitution française de 1791 ?

Il est suffisamment démontré, par ce que nous avons dit précédemment, que l'établissement du régime constitutionnel est une restriction mise au pouvoir naturel des Princes ; mais lorsqu'il convient au Prince et au peuple de s'affranchir des règles de prudence que Dieu a pour ainsi dire établies lui-même,

il faut au moins ne pas dépasser les bornes au-delà
desquelles sont les orages et les tempêtes.

La royauté doit céder peu, et le peuple doit être modeste dans ses exigeances ; car il est de son intérêt,
comme de l'intérêt du Monarque, que le trône soit
fort. Si le trône est tellement affaibli, que le moindre
mouvement le fasse chanceler, il sera bientôt abattu,
et sa chute écrasera la moitié du peuple.

Dans tout Gouvernement il y a deux principes
d'action, l'un qui ordonne et l'autre qui exécute. Le
premier c'est la loi, le second c'est la force. Il y a
donc deux puissances, l'une législative, l'autre exécutive.

La puissance exécutive agit rapidement ; elle doit
être dégagée de tous liens, et reposer dans une seule
main ; elle ne peut appartenir qu'au Prince.

La puissance législative, au contraire, doit agir
avec calme. Ce n'est que par le nombre des avis et
par la discussion, qu'elle parvient à donner à ses dé-
cisions toute la perfection possible. Elle doit être con-
fiée à un assez grand nombre d'individus, et ces individus réunis forment ce qu'on appelle le corps législatif.

Cependant ce corps ne doit pas réunir toute la
puissance législative ; car, étant à la nomination du
peuple, le Gouvernement deviendrait bientôt populaire, puisque l'autorité souveraine est l'autorité de
la loi, et que cette autorité reposerait sur une assemblée populaire.

Si, au contraire, la nomination du corps législatif
appartenait au Prince, le peuple serait certainement
exclu de toute participation aux affaires, et ne reti-
rerait aucun profit de sa constitution.

Il faut donc qu'en laissant au peuple la nomina-

tion des députés, le Prince partage la puissance législative, c'est-à-dire, que les lois ne puissent être
faites sans sa participation.

Ce ne serait pourtant pas là une garantie suffisante;
car le Prince ne peut, sans danger, être mis directement aux prises avec le peuple ou ses représentans. Aussi, dans les Etats où l'on a perfectionné,
autant qu'il est possible, le système constitutionnel,
a-t-on imaginé une seconde assemblée, toute entière
à la nomination du Prince, mais indépendante par sa
constitution inamovible, et qui doit s'interposer entre
le Prince et le peuple.

Ainsi, le Prince ou les assemblées proposent les
lois, les assemblées les discutent, et sont libres dans
leurs votes; le Prince rejette ou sanctionne. De cette
manière, les influences sont balancées, et n'y ayant
pas de contact direct entre le trône et le peuple, il
y a moins de crainte que l'un soit renversé, et l'autre
opprimé.

Si les fonctions des membres de l'assemblée qui
est à la nomination du Prince, et que nous appelons
la chambre de l'aristocratie, ou la chambre des pairs,
doivent être inamovibles, les fonctions des députés
du peuple doivent être temporaires; car il faut que
le Prince puisse dissoudre une assemblée qui se mon-
trerait hostile.

Mais comment le peuple procèdera-t-il aux élections, quels sont les citoyens qui auront droit de
suffrage ?

Il semble que tous les citoyens, sans distinction de
rang et de fortune, doivent concourir à la nomination de leurs députés; car ils sont tous également
membres du corps social. Cependant, dans ce cas,
la majorité se trouvera dans les masses, dans les non-

propriétaires, c'est-à-dire dans ceux qui ont le moins d'intérêt au maintien de l'ordre.

Si, au contraire, le droit n'est accordé qu'à la fortune, la majeure partie de la nation se trouve dépouillée des droits politiques. Le suffrage n'existe plus dans l'individu, mais dans une matière brute.

Quant aux députés, les choix seront-ils libres, c'est-à-dire, suffira-t-il que le candidat ait la confiance des électeurs, ou bien exigera-t-on qu'il possède des richesses ?

Si le député n'offre que des garanties morales, n'a-t-on pas à craindre que ces garanties s'évanouissent, et qu'il compromette ou le Prince ou le peuple ? S'il faut, au contraire, que le député soit riche, la confiance du peuple est commandée, il n'a plus de liberté.

Si, d'une part, on exclut des élections tous ceux qui ne paient pas un certain cens, et que, d'une autre part, ceux qui paient ce cens ne puissent donner leur voix qu'à tel individu, la représentation du peuple n'est réellement pas une représentation populaire; et cela sera rigoureusement vrai, si les individus qui doivent forcément réunir les suffrages, appartiennent à une classe qui, par sa position sociale, a des intérêts qui ne sont pas positivement ceux de la masse de la nation.

L'on sent bien que s'il suffisait d'être domicilié et de payer une contribution personnelle pour être électeur et député, il n'y aurait pas de garantie. Toutefois, l'on pourrait chercher la garantie dans le député, et exiger qu'il possédât une grande fortune; mais alors la députation serait une aristocratie.

Si, au contraire, les électeurs sont réduits à un petit nombre, c'est-à-dire aux plus imposés, on ne doit pas craindre qu'ils fassent de mauvais choix, et l'on peut leur permettre de prendre le député même parmi les non-propriétaires; mais dans ce cas , on aura l'aristocratie des électeurs.

Quel est donc le parti le plus sage ? Nous avouerons franchement que nous n'en savons rien, quant à présent. Cela provient sans doute de notre insuffisance; mais cela peut provenir aussi de ce que nous avons perdu notre guide naturel. Nous dirons seulement qu'il faut avoir égard à l'esprit, aux habitudes et aux mœurs de la nation, et ne pas toujours imiter ses voisins; car ce qui est bon pour un pays, peut être fort mauvais pour un autre. Par exemple , ces tumultueuses élections d'Angleterre, où les coups de poings jouent un si grand rôle , se terminent par un calme parfait; ailleurs elles pourraient amener une émeute dangereuse, peut-être une révolution. N'allons donc pas, en serviles imitateurs, chercher le cordon du grand Turc.

§. VII. Nous avons encore une question à examiner : quel sera l'âge requis pour siéger dans les chambres législatives ?

La vie de l'homme étant courte, on a dû le rendre de bonne heure maître de ses actions ; ici il s'agit de lui et de ses intérêts personnels. On a dû exiger un âge plus mur pour la magistrature , où il faut prononcer sur les intérêts des tiers : toutefois, dans ce cas, la ligne que doit suivre le fonctionnaire est tracée , et s'il s'en éloigne, c'est moins la faute de sa jeunesse que de son ignorance. Mais lorsqu'il s'agit de donner des lois à son pays, de disposer de la fortune et de la vie du peuple, l'on doit être plus exigeant.

A trente ans l'éducation de l'homme n'est point achevée; il n'a point encore acquis l'expérience propre aux grandes affaires, ni ce calme qui permet et d'embrasser toute l'étendue de ses devoirs, et de calculer tous les résultats de ses actions.

Une assemblée composée de jeunes gens pourrait commettre de grandes fautes ; mais elle aurait cette vigueur, cette témérité qui affrontent tous les dangers. Si donc elle compromettait la nation dans certaines circonstances, elle pourrait aussi la sauver. Mais comme les crises politiques sont heureusement rares, et que les travaux législatifs sont de tous les jours, on a plus besoin de sages que de héros.

Trente ans n'est pas l'âge de l'ambition, mais des besoins, parce qu'à cet âge on n'a pas toujours une fortune indépendante ou un état fait ; d'où il suit que si, pour certain cas, il était avantageux au peuple de se confier à des jeunes gens, il serait à craindre que l'intérêt général ne fût sacrifié à l'intérêt particulier. L'homme mûr ambitionne les titres, les honneurs, les distinctions ; le jeune homme ambitionne la célébrité : il l'acquerra en tonnant à la tribune, il combattra le pouvoir, mais il peut éprouver un autre sentiment. Les besoins de sa famille, son avenir se présenteront à son esprit ; et s'il met en balance la gloire et la fortune, celle-ci pourra bien l'emporter.

Il peut donc y avoir des avantages pour le Prince comme pour le peuple, à composer de jeunes gens une assemblée législative, mais pour l'un et pour l'autre il y a des inconvéniens que rien ne peut racheter.

A quarante ans l'homme a acquis toute sa maturité ; il a pris sa position sociale, et il est, à peu de chose près, ce qu'il sera toujours. Le Prince n'a pas à craindre qu'un homme au milieu de sa carrière, dont la fortune est établie ou l'état fixé, un père de famille , enfin , veuille troubler l'Etat. Le peuple n'a pas à craindre que cet homme, au-dessus des besoins, se laisse corrompre et vende sa conscience ; cependant bien des causes encore pourraient ou l'enchaîner au pouvoir ou le lui faire prendre en haine. A quarante ans, ce n'est d'ailleurs plus la saison des études , et cependant la science des lois ne se donne pas , le travail seul peut l'acquérir. Quel sera donc l'homme qui se livrera à cette étude si importante et si nécessaire , lorsqu'indépendamment de la concurrence et des chances qu'il court de n'être pas élu, il a encore devant lui un long espace à franchir , et qu'il n'aperçoit pour ainsi dire pas l'époque de sa candidature ? Aussi ne fait-on pas d'études préparatoires , et personne ne se destine positivement à la législature; on y arrive comme par hasard.

Cette question n'est point épuisée : beaucoup de choses restent à dire. Mais nous sommes persuadés que dix personnes consultées donneraient dix avis différens, et cela viendrait, opinion à part, de ce qu'il est difficile de sortir heureusement d'un mauvais chemin. Toutefois nous conseillerions de préférer le plus âgé au plus jeune, car la sagesse et l'expérience sont pour quelque chose dans les affaires de ce monde.

Quant à l'âge des pairs , nous pensons qu'il doit être le même que l'âge des députés du peuple, puisque leurs fonctions sont les mêmes et souvent plus graves; car ils ont à opposer une digue salutaire aux mouvemens offensifs qui pourraient se manifester dans l'assemblée populaire. Cependant si la pairie était héréditaire, il n'y aurait pas d'inconvénient à rapprocher l'âge auquel les successeurs doivent prendre séance. Celui qui dès sa naissance est destiné à remplir une fonction, a sans cesse devant les yeux les obligations qu'elle lui impose ; il s'identifie pour ainsi dire avec elle, et peut en toute sûreté se livrer à l'étude. Mais la pairie doit-elle être héréditaire ?

L'hérédité est une garantie donnée aux peuples. La chambre des pairs une fois composée, est hors des atteintes du Gouvernement et à l'abri des chan-gemens. Elle se renouvelle elle-même. Indépendante, elle peut sans crainte résister aux usurpations, de quelque côté qu'elles se présentent. L'inamovibilité seule n'atteindrait pas ce but important , car chaque mutation ouvrirait la porte aux élus du pouvoir, qui se ferait d'autant plus de partisans, qu'il présen-terait de loin la pairie comme récompense. Il est vrai que, même avec l'hérédité, le Prince peut toujours introduire de nouveaux membres , mais il est des bornes qu'on ne saurait franchir sans tomber dans la confusion.

Cependant, pour que l'hérédité présentât une ga-rantie réelle, il faudrait que la pairie fût incompatible avec toute autre fonction. N'ayant alors rien à préten-dre des faveurs du Gouvernement et rien à redouter de ses mesures, le pair serait indépendant dans toute l'acception du mot. Mais si cette magistrature éminente ne réclame pas tous les soins de celui qui en est revêtu ; si le pair peut en même temps courir une autre carrière, la garantie n'est plus positive, elle n'existe plus que dans les principes personnels de l'in-dividu ; or, ces principes peuvent céder au besoin de remplir consciencieusement ses fonctions législa-tives , comme ils peuvent céder aux désirs d'avan-cement.

Si l'hérédité ne met pas à l'abri de l'influence du Gouvernement , elle n'offre pas plus de garantie *ac-*

tuelle que la simple inamovibilité. Dans ce cas, nous préférons l'inamovibilité. Nous la préférons, parce que la chambre des pairs serait toujours composée d'hommes d'un âge exempt des passions de la jeunesse. Lorsqu'il n'y a pas d'hérédité, on ne parvient que par des services; ces services n'arrivent qu'avec les années, et il est impossible d'en rendre toujours au Prince, sans en rendre à la patrie. La pairie serait donc une récompense de la part du Prince et une récompense nationale. Alors on ne craindrait pas de voir de jeunes ignorans à la place d'un homme d'Etat ou d'un vieux guerrier.

§. VIII. C'est ici le cas de répondre à quelques-unes des demandes que les partisans du jacobinisme reproduisent chaque année, et qui tendent à ôter au Gouvernement une partie de ses forces.

Lorsqu'un peuple vit sous le Gouvernement monarchique, il doit vouloir tout ce qui peut en assurer la durée. Une des conditions les plus essentielles, est que le Prince ait le commandement absolu de tous les corps armés, sous quelque dénomination qu'ils soient institués; car si ce commandement n'appartenait pas au Prince, le principal objet du Gouvernement monarchique, qui est *l'unité*, n'existerait pas.

Si le commandement de la force armée appartient au Prince, sa composition ne peut non plus appartenir qu'à lui; il en est de même des corps désignés sous le nom de garde civique, garde urbaine, garde nationale, etc. Autrement, il y aurait dans l'Etat une force dont le Prince ne connaîtrait pas les élémens; ce qui serait contraire et aux principes de la monarchie, qui est que rien ne se fasse sans la participation du Monarque; et à ce principe constitutionnel, qui veut que la loi indique tout ce qui est à faire, et que le Prince fasse tout ce qu'indique la loi.

Si le Prince ne composait pas la garde civique, il ne pourrait ni la réduire, ni l'épurer, ni renvoyer les hommes inutiles ou incommodes. Ces hommes seraient venus dans les rangs sans sa participation, ils y resteraient malgré lui. Cette garde serait bientôt transformée en pouvoir rival, dangereux ou par son action, ou par sa force d'inertie.

Mais dira-t-on, le Prince ayant le commandement, rien ne peut se faire sans ses ordres ? Sans doute que rien ne peut se faire *légalement* sans les ordres du Prince, mais beaucoup de choses pourraient se faire *illégalement*.

Lorsque les citoyens composent eux-mêmes leur garde, cette garde choisit elle-même ses officiers. Les officiers doivent donc leurs grades aux gardes, comme les gardes doivent leur incorporation au peuple. Serait-ce trop s'effaroucher que de craindre qu'une voix sortie du peuple n'appelât aux armes cette garde qui est son ouvrage et qui ne reconnaît, que lui, puisque le Prince n'a personne de son choix, ni dans les gardes, ni dans les chefs ? Nous tranquillisera-t-on, en nous disant qu'en agissant sans les ordres du Prince, la garde contrevient aux lois et qu'elle est punissable ? Oui, elle est punissable, mais on ne punit pas cent mille hommes ; c'est une force à laquelle il faut opposer une autre force ; il faut combattre, c'est-à-dire qu'il faut faire la guerre civile.

Si au contraire le Prince a besoin de faire agir cette garde, et qu'elle refuse, quel parti prendra-t-il ? renverra-t-il les gardes ? cassera-t-il les officiers ? Mais il n'en a pas le droit. Demandera-t-il l'application des lois contre ceux qui refusent un service
légalement

légalement dû? Nous l'avons dit, on punit des individus, mais on ne punit pas des masses. Cependant
lorsque le Prince a commandé à la garde de marcher
c'est que son service était nécessaire ; si elle refuse ,
elle compromet la tranquillité publique, elle compromet le trône, elle compromet la nation toute
entière.

Nous allons loin, il est vrai ; mais il serait impar-
donnable d'apercevoir un danger, quel qu'en fût l'é-
loignement, sans s'en garantir à jamais. Un Gouvernement ne doit redouter que ce qu'il est impossible
la sagesse humaine de prévoir.

Si de l'organisation des corps armés, nous passons
à l'organisation des communes, nous trouverons encore qu'elle ne peut appartenir qu'au Prince. Cependant on ne cesse de dire que les officiers municipaux
devraient être à la nomination des citoyens, parce qu'il
s'agit d'autorités purement locales et d'intérêts tout-
à-fait particuliers. Nous avons nous-mêmes long-temps
partagé ces idées, parce que nous les avions reçues
sans examen, comme il arrive trop souvent ; mais
notre opinion a changé lorsque nous avons vu la province.

Donner aux communes la nomination de leurs
officiers municipaux, serait faire de chaque ville, de
chaque village un foyer d'intrigues, et troubler la
bonne harmonie qui existe entre les habitans. Assez
de causes peuvent amener des troubles, sans les provoquer.

Il existe en France quelques communes où l'on
trouve tout juste deux hommes capables de remplir
les fonctions de maire et d'adjoint ; là il n'y a pas à
choisir, et que ce soit le Gouvernement qui nomme,
ou les habitans, les voix ne sont pas partagées. Là

aussi il n'y a pas de motifs de jalousie et de haine. Mais ailleurs il y a concurrence ; et encore , bien que les fonctions municipales donnent plus de peine qu'elles ne procurent d'honneur , elles sont avidement recherchées. Lors donc que le Gouvernement nomme , il peut bien y avoir quelques espérances déçues , quelqu'amour - propre blessé ; mais comme les habitans n'y sont pour rien , ils n'ont aucun reproche à s'adresser.

Les communes ont-elles le droit d'élection? D'abord, il peut arriver que les électeurs aient la main forcée, et qu'ils soient dans l'obligation d'élire un homme dont ils rejettent les principes et la morale , parce que cet homme les tiendra sous sa dépendance, ce qui arrive souvent dans les campagnes , où le plus riche abuse de sa position. Libres , les habitans n'eussent pas donné leurs suffrages à cet homme, le Gouvernement ne l'eût pas choisi ; et cependant le voilà , malgré l'opinion de ses concitoyens, malgré les vœux du Gouvernement , à la tête de l'administration de sa commune.

Y a-t-il plusieurs prétendans? chacun cherche à capter la confiance pour obtenir des voix ; mais le moment de l'élection arrive , et aucun des candidats ne pardonne à celui qui ne l'a pas favorisé de son suffrage : de là des divisions , des inimitiés, des vengeances.

Ce n'est pas tout. Avant que d'être l'homme de la commune, le maire est l'homme du Gouvernement, puisqu'il est chargé d'exécuter ses ordres en tout ce qui concerne l'administration intérieure : si les communes le nommaient, elles nommeraient en même temps un fonctionnaire du Gouvernement, ce qui serait tout-à-fait hors de raison.

Mais ce maire, élu par sa commune, ne tient rien du Gouvernement. Le Gouvernement lui transmet des ordres, il refuse de les exécuter : quel parti prendre ? Le Gouvernement ne peut pas révoquer, puisqu'il ne peut pas nommer. Est-ce la commune qui révoquera ? Mais si elle ne veut pas, si elle ne peut pas non plus ; car il se pourrait faire que, tout en lui donnant le droit d'élection, la loi eût fixé d'une manière absolue la durée des fonctions ; et cela doit être, autrement la commune userait trop souvent du droit d'exclusion. Cependant les ordres ne sont pas exécutés : il faudra poursuivre le maire rebelle ; mais en attendant ?

Avec le mode actuel, les maires sont souvent en opposition avec les agens de l'autorité ; que serait-ce donc s'ils étaient indépendans ? Il n'y aurait réellement plus de moyen d'administration. Les communes ayant nommé leurs maires, se plaindraient des préfets ; et comme les préfets sont aussi des autorités locales, elles demanderaient à en faire le choix. Ces préfets n'obéiraient point aux ministres ; et, pour établir un accord parfait, les communes demanderaient la nomination des ministres, puis celle du chef de l'Etat.

Eh ! qu'on ne se fasse pas illusion sur les pressantes sollicitations du jacobinisme, en faveur des gardes nationaux et des communes. C'est un des mille moyens qu'il veut employer pour ramener cette souveraineté du peuple, qui déjà s'est précipitée dans une mer de sang.

§. IX. Mais il est temps de quitter ce sujet si vaste et si fécond. Nous n'avons pu qu'en effleurer quelques parties, dans les bornes que nous nous étions prescrites. Nous y reviendrons, dans un second ouvrage.

Cependant, si'sur ce que nous venons d'écrire, on

nous croyait les ennemis déclarés du système constitutionnel, on se tromperait grandement. Nous ne
sommes ennemis que de l'anarchie et de ce qui peut
y conduire.

Nous avons parcouru les livres où il est traité de
l'origine des sociétés et de l'autorité souveraine ; nous
avons ensuite nous-mêmes porté nos regards jusques
aux premiers temps, et le résultat de nos recherches
a été d'acquérir cette vérité : Que les nations descendent d'une seúle famille ; que le chef de cette famille
avait naturellement l'autorité, et que loin de diminuer en raison de l'augmentation de la famille, cette
autorité n'a fait que grandir et s'étendre ;

Qu'il est indubitablement vrai que les chefs ont
précédé les peuples, et qu'ainsi ce ne sont point les
peuples qui ont eu le droit d'imposer des lois aux
chefs, mais les chefs aux peuples ;

Que l'autorité, qui appartenait de toute nécessité
au père de famille, chef de la première société, est
passée aux mains de l'aîné de ses fils, et ainsi de
suite, par ordre de primogéniture ;

Que cette autorité est touté naturelle, toute divine ;

Que les Princes qui gouvernent aujourd'hui le
monde, ne sont que les représentans des chefs des
premières familles, des premières sociétés ; que dès-
lors ils ne tiennent leur autorité que de la nature,
c'est-à-dire de Dieu même ;

Que vouloir mettre des bornes à cette autorité,
la restreindre ou la partager, c'est violer la loi naturelle, et désobéir à Dieu ;

Que cette violation et cette désobéissance peuvent
appeler des malheurs sur la tête des Princes et des
peuples.

Voilà le fruit de nos investigations, voilà ce que nous croyons avec bonne foi.

Nous pouvons faire des observations aux Princes et aux peuples ; mais nous ne prétendons pas les empêcher d'établir des constitutions, ni les exciter à détruire celles qu'ils pourraient avoir. Seulement nous leur disons : Vous violez la loi naturelle ; sachez bien s'il vous est permis de commettre cette violation, et voyez si vous avez des motifs assez graves pour abandonner les voies qu'on a suivies depuis le commencement du monde.

Nous leur disons encore : Ne prenez pas exemple sur les peuples voisins, car les peuples ne se ressemblent pas, les pays non plus ; chacun a ses habitudes, son esprit, son sol, son climat ; il faut à chacun des lois appropriées à ses besoins.

Si vous transportez en Laponie un Africain qui n'a jamais connu de vêtemens, et que vous lui disiez : Couche-toi sur cette neige, au pied de ce pin, comme tu couchais sous tes bosquets toujours fleuris, vous le ferez mourir. Et si vous conduisez dans les déserts de l'Arabie le Lapon couvert de peaux, et que vous lui disiez : Repose sur ce sable, assurément vous le tuerez. Donnez à un peuple des lois qui ne sont pas dans ses mœurs, vous tuerez également ce peuple ; il faut donc, comme nous l'avons dit, acclimater les institutions, et cela ne se peut qu'avec le temps.

On nous parle toujours de l'Angleterre ; mais la constitution anglaise n'a été produite que par des siècles de révolution ; mais, pour imiter le système politique des Anglais, il faut prendre leurs habitudes, leurs mœurs, leur esprit national, et creuser une mer autour de soi.

§. X. Il semblait en 1814, lorsque la fortune abandonna Napoléon, que les Princes de l'Europe avaient reconnu cette vérité, qu'il faut donner à chacun selon ses besoins. Mais ils se sont trompés sur la nature de ces besoins; car ils étaient moins dans la mutilation des anciens Gouvernemens, que dans leur marche plus franche; ils étaient moins dans l'affaiblissement du trône, que dans son indépendance des ordres supérieurs; ils étaient moins dans la destruction de l'aristocratie, que dans son égale soumission aux lois; ils étaient moins dans le renversement de la loi naturelle, que dans son entière exécution. Les peuples voulaient que les Princes se rappelassent l'origine de leur autorité et les obligations qu'elle leur impose; ils voulaient que l'intérêt de tous fût le mobile des rois. *Ollis salus populi suprema lex esto;* mais ils ne demandaient pas que cet intérêt fût confié à plusieurs mains. La diplomatie ne vit les choses que superficiellement : elle s'arrêta devant quelques idées jetées çà et là pour éblouir les yeux. Si elle eût fait quelques pas de plus, elle se serait dégagée de ce voile trompeur, et eût aperçu la vérité dans tout son éclat. Mais elle n'osa pas, ou ne pensa pas à franchir les bornes de l'horizon dans lequel on l'avait enfermée, et ses actes portent le caractère de son ignorance et de sa faiblesse. Elle pose des principes qu'elle méconnaît à l'instant; elle proclame la légitimité, et elle consacre l'usurpation ; elle veut relever les trônes, et elle les brise; elle veut replacer les antiques couronnes, et elle en dépouille le front des Rois ; elle veut rétablir les enfans dans l'héritage de leurs pères, et des Princes errent de climats en climats, sans protection, sans asile; elle veut le système constitutionnel, et elle ne sait pas en faire l'application; elle veut la paix générale, et elle laisse partout des semences de guerre. Elle a commis des fautes politiques, de l'énormité desquelles l'Europe ne tardera pas de retentir.

Nous le disons hautement, si une main ferme ne vient pas arrêter le mouvement, la démocratie aura bientôt remplacé la monarchie. L'Allemagne a ses démagogues, ses illuminés ; l'Italie a ses carbonaris ; l'Espagne ses libéraux, et la France ses jacobins ; l'Angleterre est là pour appuyer, et pour planter ses bannières.

Nous nous bornerons à parler de la France.

La France a une constitution.

Elle a aussi ses partis.

Elle a ses royalistes et ses ultras, ses libéraux et ses jacobins.

Il est des royalistes qui croient le Gouvernement représentatif nécessaire ; il est aussi des libéraux qui veulent la monarchie et la charte.

Ces constitutionnels ne sont pas nombreux.

Ce n'est pas nous qui le disons.

Les libéraux prétendent que les royalistes haïssent la charte, les royalistes ne s'en défendent guère ; à leur tour, ils prétendent que les libéraux la haïssent aussi, et que ce sont des hypocrites ; mais les libéraux protestent de leur attachement.

Il ne s'agit donc que de juger les libéraux (1).

§. XI. Vers le milieu du siècle dernier, un homme avide de renommée et jaloux de tout ce qui était élevé ; un esprit vaste d'ailleurs, abusant des moyens

____

(1) Nous faisons remarquer, une fois pour toutes, que par *libéraux* nous n'entendons pas quelques individus dévoués à la monarchie constitutionnelle, mais les *jacobins* qui depuis quarante ans s'épuisent en efforts pour bouleverser la France.

que la nature lui avait départis , s'amusa, dans son délire, à ridiculiser les choses les plus saintes et les plus sacrées : la religion et ses ministres, la royauté et ses attributs furent tour à tour l'objet de ses attaques ; souple et hautain , léger et sévère , badin et grave , plaisantant avec grâce et finesse , s'élevant au sublime, et descendant du trivial au grossier , il sut donner à ses écrits ce charme qui . entraîne malgré l'évidence de l'erreur. Personne mieux que lui n'a connu l'art de tromper, et personne n'a glissé un mensonge avec plus de hardiesse. Il trouvait l'histoire dans son imagination, comme on y trouve une élégie : ce n'est pas un fait qui amenait ses conclusions , mais ses conclusions qui amenaient ses faits ; il les posait comme on pose une cible pour tirer dessus. C'est avec ce renversement d'idées, cette insigne mauvaise foi, qu'il a combattu nos croyances religieuses, notre attachement à la monarchie , et qu'il prêcha en faveur de l'athéisme et de l'anarchie.

Un autre homme rempli d'orgueil, philosophe par nécessité , méprisant ce qu'il ne pouvait avoir , fuyant le monde parce que le monde le fuyait, immoral et vicieux ; un autre homme, disons-nous, voulut punir la société de l'état d'abjection dans lequel ses inclinations l'avaient jeté. Après avoir fait un livre, plus infâme encore que sa vie, il parcourut tous les écrits politiques , anciens et modernes, et en recueillit les pensées les plus propres à détruire la tranquillité des Etats ; avec ce secours, il établit un système social, le plus absurde, le plus incohérent, le plus perfide et le plus inexécutable, à son avis même , qui se puisse imaginer. Mais enfin , cet ouvrage, et son poison caché sous la pompe du style, se répandirent dans un monde avide de nouveautés.

D'autres écrits, non moins dangereux, avaient déjà nourri les esprits de fausses doctrines philosophiques.

Malheureusement, à cette époque, les finances de l'Etat étaient dans un épuisement déplorable. Louis XVI, si digne d'être roi, voulut les relever; il donna, le premier, l'exemple de l'ordre et de l'économie; mais, pour couvrir les fautes du passé, il lui fallait des secours, il n'en trouva pas.

Les Etats généraux furent convoqués.

Le clergé, la noblesse, le tiers-état se réunirent à Versailles; et, après bien des débats qui n'avaient pas pour objet le salut de la monarchie, ils se constituèrent en assemblée nationale.

C'est alors que dominèrent ces hommes de l'école, qui ne voyaient de bonheur pour le peuple que dans le renversement de l'antique Gouvernement, parce que le peuple, c'était eux, et qu'ils ne pouvaient s'élever que sur les débris du trône.

Ils voulurent une constitution. Cette constitution devait asseoir la monarchie sur des bases inébranlables, consolider la couronne sur la tête du Roi, et donner la liberté au peuple; mais ces bases devaient crouler sous l'édifice; cette couronne devait être la couronne du martyre, et cette liberté une chaîne pesante.

D'après cette constitution, la monarchie n'existait plus que de nom, le Roi n'était plus Roi, le pouvoir était dans l'assemblée, et la souveraineté dans le peuple. L'assemblée constituante avait écrit le premier acte de cette sanglante tragédie, qui devait avoir la France pour théâtre, et les Princes et les peuples pour acteurs et victimes; mais enfin, cette première constitution était le premier pas fait vers la démocratie, seul but que voulaient et que veulent encore atteindre les jacobins.

La constitution de 1791 appela l'assemblée nationale ; l'assemblée nationale ne voulait pas plus de la constitution que le parti dominant de l'assemblée constituante ; aussi ne tarda-t-elle pas à ordonner la suspension provisoire du pouvoir exécutif ; ce qui était proprement une suspension de la constitution, en attendant son entière abolition. Mais on allait par degré, tant on craignait qu'un mouvement trop brusque n'éveillât le peuple, et lui fît apercevoir le piége qui lui était tendu.

Cette même assemblée nationale convoqua une *convention*, et cette convention complétant l'usurpation, et croyant le moment arrivé de frapper le grand coup, abolit la royauté, et proclama la république.

Ainsi se trouva accomplie cette œuvre révolutionnaire, conçue par les philosophes et exécutée par leurs disciples, pour le malheur du monde.

Mais il ne suffisait pas d'avoir établi la souveraineté du peuple, il fallait encore se débarrasser de ceux qui portaient ombrage. Le Roi fut conduit à l'échafaud, puis la Reine, puis les Princes de la famille royale, puis les prêtres, puis les nobles, puis les riches, puis les hommes de toutes les classes, les femmes, les enfans : un peu plus, il ne restait que le dernier des bourreaux.

Cependant la convention ne tuait pas vingt-quatre heures par jour ; elle avait des momens de récréation, pendant lesquels elle s'occupait d'une constitution ; car elle éprouvait presque autant de plaisir à établir les droits du peuple, qu'à le faire égorger. Après bien des tâtonnemens, bien des débats, elle créa un directoire et deux assemblées. Ce nouveau Gouverne-

ment allait donner le coup de grâce à la France, lorsqu'un seul homme vint le chasser, et saisir les rênes
de l'Etat, sous le titre de consul.

Le consulat était temporaire ; mais bientôt il fut
décerné à vie, et la constitution fut appropriée à la
circonstance.

Enfin l'empire vint effacer ce qui restait de traces
de la république , et la constitution républicaine fit
place à la constitution monarchique.

Dix ans à peine s'étaient écoulés depuis la fatale
journée du vingt-un janvier, et la France avait eu
six constitutions et sept Gouvernemens différens.

Les démocrates se divisèrent en deux partis ; l'un
plus lâche et plus avide vint se jeter aux pieds de
l'Empereur et solliciter ses grâces ; l'autre plus fier
et plus indomptable se tint à l'écart, attendant de
nouveaux événemens : l'époque était féconde.

Toutefois il ne faut pas croire, qu'en prenant chacun son chemin, les démocrates voulussent s'éloigner
l'un de l'autre ; ils avaient tous au fond la même
pensée, les mêmes désirs ; et s'ils prenaient des positions différentes , c'était pour observer tous les
points et ne laisser échapper aucune occasion de
ressaisir le sceptre de la domination. Napoléon était
devenu leur point de mire, et c'est à le renverser
qu'ils travaillaient en commun. La guerre les servit
à souhaits ; la malheureuse campagne de Russie ouvrit leur cœur à l'espérance ; et lorsque notre territoire fut envahi, ils se firent les auxiliaires de l'ennemi d'abord secrètement, ensuite ostensiblement ;
mais quand ils croyaient triompher, les lis avaient
refleuri.

Le rétablissement de l'ancienne monarchie était
loin de les satisfaire, comme on le pense bien ; aussi

travaillèrent-ils promptement à la renverser de nouveau : ils étaient tout réunis , il ne s'agit que de
tourner contre le trône de Louis XVIII , les armes
qu'ils avaient saisies pour combattre Napoléon ; la
France se remplit de leurs émissaires , et retentit de
leurs déclamations. Ils étaient en peu de temps par-
vènus à faciliter une révolution , lorsque Napoléon ,
qui suivait de l'œil la marche des événemens , profita
de leurs efforts et vint les supplanter en ressaisissant
le pouvoir.

Les démocrates furent d'abord étourdis de la su-
bité apparition de cet homme extraordinaire , qui ,
tour à tour favori et victime de la fortune , tenait le
monde dans la crainte et l'admiration , et le faisait
plier sous ses entreprises gigantesques. Cependant
ils ne tardèrent pas à se remettre , et à concevoir de
nouvelles espérances. Ils pensaient que Napoléon ,
lassé de porter la couronne , ferait alliance avec eux
et rétablirait leur république ; mais Napoléon reprit
le titre d'Empereur, et les démocrates furent plus
que jamais ses ennemis. Tandis que l'Europe cher-
chait à le vaincre aux frontières, ils cherchaient à lui
ôter sa popularité dans l'intérieur. L'affaire de Wa-
terloo fut pour eux le signal de *l'indépendance* , ils
agitèrent la bannière de 93. Les chambres furent
entraînées , la déchéance prononcée , et le peuple
souverain reprit ses droits dans la personne des vieux
jacobins et de leurs jeunes néophytes. Malheureusement pour eux , le peuple se souciant fort peu de sa
souveraineté , les laissa sur la brèche d'où un souffle
les renversa.

§. XII. Si maintenant nous reportons nos regards
en arrière , et que nous cherchions le bien qu'a pro-

duit en France le système représentatif, que trou-
verons-nous ?

L'assemblée constituante a donné au peuple la
constitution la plus libérale qu'il soit possible d'i-
maginer ; elle a réduit le Monarque à la condition
d'un simple mandataire, et cette constitution a eu pour
résultat la mort du Roi , le massacre d'une partie de
la nation, une guerre civile au-dedans, et une guerre
d'extermination au-dehors.

L'assemblée nationale détruisit le pouvoir exécutif, et légua son mandat à la convention qui établit
le règne de la terreur. Cette convention , toute en-
sanglantée, épuisée par les coups qu'elle avait frappés ,
s'appuya sur le directoire.

Ce directoire et ses conseils, incapables et désunis,
en butte à tous les partis, attaqués de toutes parts ,
allaient retourner aux beaux jours de 1793 , lorsque
Napoléon parut. Toutefois, Napoléon fut secondé par
la majorité de ces mêmes conseils, qui pensait plus
à sa fortune qu'au peuple français.

Le consulat s'entoura d'un sénat , d'un corps législatif et d'un tribunat , et tout cela pour le bien
du peuple , pour le maintien de la constitution.
Cependant ces sénateurs , ces législateurs et ces tri-
buns décernèrent au premier consul l'inamovibilité ,
sans s'enquérir de l'avis du peuple souverain.

Et comme ils étaient en train de construire et de
démolir , il leur prit fantaisie de rétablir le trône
qu'ils avaient renversé , en sorte que les français ré-
publicains apprirent, un beau matin, qu'ils avaient un
Empereur. Certes, on ne pouvait pas être plus aima-
ble : les représentans du peuple avaient évité toute
peine à leur commettant, et fait ses affaires sans qu'il
s'en doutât. Il n'eut d'autre soin que d'effacer les

insignes de la république et de les remplacer par les armes du nouveau maître.

N'est-ce pas une moquerie de nous parler des droits du peuple, de sa liberté, de son indépendance ! Quoi ! vous reconnaissez les droits du peuple, et vous faites des constitutions et créez des Gouvernemens sans consulter le peuple ? Quoi! vous reconnaissez la liberté du peuple, et vous lui donnez des liens sans vous informer s'il les veut accepter ? Quoi ! vous reconnaissez l'indépendance du peuple, et vous remettez tous les pouvoirs à un seul homme, sans savoir si le peuple veut se soumettre et s'il approuve votre choix ?

Mais ces constitutions, ces Gouvernemens établis sans la participation de la nation, avaient-ils au moins pour objet de la protéger? Point du tout. Jamais Gouvernement absolu ou despotique n'a tant osé, tant entrepris et tant fait que les divers Gouvernemens constitutionnels qu'eut la France depuis 1791. Jamais non plus une nation n'a été plus opprimée et plus appauvrie ; et jamais despote, quel que fût son amour du pouvoir, quelque envie qu'il eût de faire sentir sa puissance, n'a été plus à l'aise que les Gouvernemens français sous l'égide de leur régime constitutionnel.

Ces constitutions étaient donc favorables aux Gouvernemens? — Oui, pour opprimer, mais non pour se consolider; car tous les Gouvernemens constitutionnels sans exception ont été renversés. — La faute en est aux hommes, et non aux institutions? — Sans doute, la faute en est aux hommes ; mais les assemblées ne se composent qu'avec des hommes. Serait-ce parce qu'il y eut des Gouvernemens usurpateurs ? Mais alors, pourquoi ces déclamations inces-

santes contre les assemblées sous. l'empire de la légitimité ? La faute en est-elle encore aux assemblées ?
Est-ce la légitimité qu'on veut abattre ?

§. XIII. *La légitimité est exposée aux coups des
factieux.* Toutefois il ne faut pas croire que ce ne
soit que depuis la révolution française , ou à son
sujet ; elle était bien antérieurement désignée comme
une victime qu'il fallait immoler. C'est à cette fin
qu'en Allemagne les illuminés cherchaient à s'emparer de toutes les places , à diriger l'esprit de la
jeunesse , et à amener les Princes eux-mêmes à pro-
clamer la république dans leurs propres Etats. C'est
à cette fin que les indépendans anglais proclamaient
publiquement la souveraineté des peuples , et les
excitaient à renverser leur Gouvernement. Qu'est-ce
que le Roi , disaient-ils ? Le premier sujet. Qu'est-ce
que le peuple anglais ? Le pouvoir souverain. A qui
appartient la couronne ? A ceux qui peuvent la re-
prendre.

Les révolutionnaires français trouvèrent donc de
chauds partisans en Angleterre et surtout en Allemagne , où l'esprit d'association a fait de rapides
progrès. Aussi est-ce en Angleterre et en Allemagne que,
dans ces derniers temps , ils cherchèrent d'abord de
l'appui, non pour opérer une révolution partielle, mais
une révolution générale de toute l'Europe.

L'Espagne reçut d'eux ses instructions ; quant à
l'Italie , elle était toute· préparée , ses sociétés étaient
formées depuis long-temps.

Le plan d'insurrection , arrêté depuis 1815 , était
d'appeler les peuples aux armes , de renverser les
Rois et d'établir la démocratie ; ainsi que la royauté,
la religion romaine devait être détruite , comme contraire à l'indépendance , et remplacée par un culte

nouveau, dégagé de toute cérémonie, ou par la religion évangélique, le protestantisme. Cependant l'on devait se conformer à l'opinion religieuse actuelle des peuples, et ne pas exiger qu'ils en fissent immédiatement le sacrifice. On ne devait pas exiger, non plus, que les trônes fussent renversés en un seul jour, pourvu toutefois qu'on les réduisît à un tel état d'affaissement, que le moindre choc les brisât. Voilà pourquoi en Espagne, à Naples, il n'y eut d'abord qu'une constitution monarchique, et qu'on ne heurta pas les croyances religieuses.

Cependant les choses étaient plus avancées en Italie ; et si elles n'ont pas reçu plus de développement, c'est que l'action ne s'est fait sentir que sur un point.

Le véritable but des novateurs ultramontains de la Carbonara, était de former une république de toute la Péninsule italienne et des îles de l'Adriatique et de la Méditerranée, jusqu'à cent milles des côtes, sous le nom de République Ausonienne.

La religion chrétienne devait être rétablie dans sa pureté primitive par un Concile des Evêques réélus ou confirmés, qui élirait en même temps un Patriarche pour l'Ausonie. Ce Patriarchat devait être offert au Pape actuel, et à un autre, sur son refus. Quant au collége des Cardinaux, il ne pouvait continuer de résider dans l'Ausonie ; et si après la mort du Pape, il en élisait un nouveau, le territoire de la république lui serait fermé.

Les bons cousins, c'est-à-dire les carbonaris, s'entretenaient dans leur vendite, de leur projet de réforme et des moyens de l'exécuter. « C'est pour débarrasser le sol italien de ses tyrans, disaient-ils, que nos aïeux les premiers bons cousins ont

établi

établi la respectable carbonara. Exilées du monde , n'osant se montrer au grand jour, la liberté, l'égalité se réfugièrent dans les forêts , se cachèrent dans les vendites, dans les grottes les plus reculées ; et là , reprenant la robe virile dont nous sommes revêtus , aiguisèrent leurs hachettes et leurs poignards , et jurèrent de renverser en un seul jour tous les oppresseurs de ces belles contrées. Nous l'avons tous fait , sous le signe éclatant de la rédemption du Sauveur du monde , le sermént sacré de rétablir la sainte philosophie. Le moment est arrivé , mes bons cousins , le tocsin de l'insurrection générale a sonné , les peuples armés sont en marche ; au lever de l'astre du jour, les tyrans auront vécu , la liberté sera triomphante. »

« Chaque directeur se transportera, vers onze heures du soir, le . . . . . dans le lieu du rassemblément désigné aux maîtres carbonaris, réunis en vendite de leur grade. Il leur déclarera verbalement le but des rassemblemens généraux qui se préparent, et désignera les places publiques ou autres lieux où chacun d'entre eux devra former un corps de ses apprentis et autres partisans, *même profanes* , reconnus, dignes, par leurs opinions libérales, de concourir à la gloire de cette journée. Il désignera les hommes dévoués, qui seront volontairement déterminés à frapper les premiers coups, les héraults qui proclameront immédiatement la chute et la fin des oppresseurs du peuple, ennemis mortels de l'ordre carbonico; et remettra aux principaux chefs de l'expédition les listes des satellites du pouvoir renversé, qu'il sera bon d'arrêter , d'emprisonner, ou de combattre et mettre à mort , en cas de résistance. »

« Les directeurs du mouvement en surveilleront l'exé-

-cution, se répandront parmi les masses du peuple, en-
-courageront les faibles, engageront les indécis à se
réunir aux braves, et promettront les récompenses
les plus éclatantes de la reconnaissance nationale à
tous les patriotes carbonaris, francs-maçons ou profanes, qui se seront signalés par leurs actes de bra-
voure et de patriotisme dans cette guerre courte et
légitime, pour l'affranchissement de tous les peuples
de la Péninsule Ausonienne. »

§. XIV. En France, c'est un comité qui dirige
toutes les opérations des révolutionnaires. Ce co-
-mité a son centre à Paris ; c'est de là que partent les
instructions et les ordres. Les chefs, comme les chefs
de la Carbonara, sont inconnus à la multitude, qui
n'a aucune relation avec eux. Invisibles comme des
sylphes, ils ne sont nulle part et ils sont partout. Cependant ce comité est composé d'une douzaine de
membres environ, presque tous anciens nobles. Après
eux viennent les grands initiés qui communiquent les
ordres aux hommes influens, qui, à leur tour, les trans-
mettent à ceux qui doivent les exécuter. Avec ces
précautions, il n'est guère possible d'arriver jusqu'au
foyer de ces ténébreuses intrigues.

Indépendamment du comité-directeur, il existe
encore en France diverses autres réunions où les
mêmes questions sont agitées, pour arriver au même
but, mais avec des moyens différens. Il serait trop
long de faire l'histoire de chacune de ces sociétés ;
nous les réunirons toutes dans une seule.

Il faut mettre en tête des novateurs, les démocrates.
Ce sont eux qui, les premiers, se sont réunis. Ils
veulent, comme nous l'avons dit, détruire la royauté
et la religion romaine. Leur fureur est pour ainsi
dire plus grande contre le culte que contre le trône.

Aussi le reproche le plus grave qu'ils font à Napoléon, est-il d'avoir rouvert les églises.

Selon eux, l'Eglise romaine est la plus forte barrière qui s'oppose à l'introduction du système démocratique ; et la plus grande faute des assemblées révolutionnaires, a été de n'avoir pas fait disparaître tous les temples, et détruit les Ecclésiastiques jusqu'au dernier ; car, de cette manière, le rétablissement de la religion catholique devenait impossible ; et si l'on eût voulu l'une des religions existantes, on n'eût pu prendre que la religion protestante, qui s'accorde mieux avec les idées de liberté et d'égalité.

La royauté et la catholicité, si bien unies et si nécessaire l'une à l'autre, devaient donc être attaquées en même temps, et tomber l'une sur l'autre.

Réduits à leurs propres forces, les jacobins eussent été trop faibles : ils durent chercher des auxiliaires ; et c'est aux bonapartistes qu'ils s'adressèrent d'abord ; mais, divisés de vues et d'intérêts, ces deux partis ne se réunirent que pour frapper ensemble l'ennemi commun, sauf, après la victoire, à recommencer entre eux pour le partage des dépouilles. Car, qu'on ne s'y trompe pas, les jacobins et les bonapartistes voulaient renverser la monarchie ; mais les jacobins, pour rétablir la république, et les bonapartistes, le trône impérial.

Cependant les jacobins, plus actifs, plus entreprenans, se réservèrent le droit de diriger le mouvement; mais en récapitulant leurs forces, ils ne les trouvèrent pas assez considérables pour donner, d'un seul coup, une commotion qui retentît dans toute l'Europe. Ils cherchèrent donc à réunir sous leurs drapeaux tout ce que dans l'ancien langage on appelait tiers-état. Ils s'immiscèrent adroitement dans l'esprit des jeunes

gens , surtout des étudians, en leur présentant le tableau comparatif des emplois de la république, avec
les emplois de la monarchie, et les noms si différens
des fonctionnaires et employés ; ils firent répandre
dans les campagnes le bruit du rétablissement des
dîmes et des droits féodaux, et présentèrent aux ouvriers , comme très-prochaine , la réorganisation des
jurandes et des maîtrises. Ils dirent à tous que la
Charte était le seul refuge qui restait au peuple ; que,
la Charte abolie , il retombait aux mains des nobles ,
des prêtres et de tous les tyrans que la révolution
avait détruits. Bientôt après ils annoncèrent que cette
Charte était menacée de tous côtés, et qu'elle suc-
comberait, si le peuple ne se levait pas pour la soutenir. C'est ainsi que, par gradation, ils amenaient
le peuple à craindre pour ses libertés, pour ses droits,
et à le faire marcher, sans qu'il s'en doutât, à une
nouvelle révolution.

Les masses, en général, suivent le mouvement, sans
savoir où il doit les conduire ; on ne prend pas d'ailleurs la peine de les instruire ; il suffit de flatter leur
passion , et de couvrir un but perfide par quelques
apparences flatteuses. C'est ainsi qu'on agit aussi dans
toutes ces associations qui, ostensiblement, et pour le
commun des associés , ont un but moral, religieux et
de bienfaisance réciproque, mais dont le but secret,
et connu seulement des plus dévoués, est de commettre quelque attentat contre les sociétés politiques.

Par exemple, dans la Carbonara, il est une infinité
de signes, de stigmates à double, à triple sens, que
les adeptes ne parviennent à connaître que lorsque
leur dévoûment et leur discrétion sont à toute épreuve,
et qu'ils sont parvenus aux plus hauts grades. Les
signes : R. T. L. veulent dire, pour le premier grade,

Religion , Trinité , Lumière ; pour les grades plus élevés : Roi, Tyran, *à la forca* potence , etc., etc. , etc.

Le catéchisme d'apprenti , et même du second grade, ne contient que des allégories religieuses sur la passion de Notre-Seigneur Jésus-Christ, qu'ils appellent bon cousin, grand-maître de l'univers. Chaque outil , chaque objet qui se trouve dans la vendite signifie un outil ou un objet qui a servi au supplice du Rédempteur. Leur devise est Foi , Espérance , Charité ; la parole de la vendite , Honneur, Vertu , Probité. Mais tout cela n'est plus qu'un accessoire obligé pour les grands-maîtres grands-élus ; le serment qu'ils prêtent dévoile suffisamment les fins qu'on se propose.

« Moi, citoyen libre de l'Ausonie , réuni sous le même Gouvernement et les mêmes lois populaires , que je me dévoue à établir , dût-il m'en coûter tout mon sang, je jure en présence du Grand-Maître de l'univers et du Grand-Elu , bon cousin, d'employer tous les momens de mon existence à faire triompher les principes de liberté , d'égalité , de haine à la tyrannie, qui sont l'ame de toutes les actions secrètes et publiques de la respectable Carbonara. Je promets de propager l'amour de l'égalité dans toutes les ames sur lesquelles il me sera possible d'exercer quelqu'ascendant. Je promets, s'il ne m'est possible de rétablir le régime de la liberté sans combattre, de le faire jusqu'à la mort. »

« Je consens , si j'ai le malheur de devenir parjure à mes sermens, d'être immolé par mes bons cousins les grands-élus, de la manière la plus cruelle. Je me dévoue à être mis en croix au sein d'une vendite, d'une grotte ou d'une chambre d'honneur, nu, couronné d'épines, et de la même manière que

le fut notre bon cousin le Christ, notre rédempteur et notre modèle. Je consens, de plus, à ce que
mon ventre soit ouvert de mon vivant, que mon
cœur et mes entrailles soient arrachées et brûlées,
que mes membres soient coupés et dispersés, et mon
corps privé de sépulture (1). »

§. XV. Les démocrates français, parvenus, comme
nous l'avons dit, à inquiéter le peuple, mirent en
usage tous les moyens possibles pour entretenir cette
méfiance et exciter à la rébellion. Leurs journaux
eurent la double mission, de propager les fausses
nouvelles, et de semer en France et à l'étranger des
étincelles de guerre civile. Leurs écrivains reçurent
l'ordre de soutenir l'attaque, et de répandre leurs
principes dans toutes les classes de la société, notamment dans la classe industrielle. Enfin, des émissaires furent envoyés sur tous les points importans ;
une caisse fut établie pour fournir à toutes les dé-
penses.

Ils n'attendaient plus qu'une occasion pour essayer
leurs forces, elle se présenta bientôt.

Au mois de juin 1820, il fut question d'apporter
des changemens à l'élection des députés. Les jacobins s'élevèrent contre le projet de loi, et en firent
le texte de leur déclamation. Leurs journaux, leurs
écrits, leurs opinions furent colportés à Paris et
dans l'intérieur de la France, notamment dans les
villes manufacturières ; les ouvriers et le bon peuple
furent soudoyés, l'or fut répandu à pleines mains.
Des attroupemens nombreux eurent lieu, et l'exalta-

---

(1) Il serait curieux de savoir comment on s'y prendrait pour
invoquer contre un parjure la sainteté de ce serment, car il est fait
en présence de Dieu.

tion était arrivée à ce point, qu'un effort de plus
pouvait provoquer une insurrection générale. Mais les
jacobins doutant de l'appui de ces masses qu'ils
avaient excitées, ne s'étaient point mis en mesure
de marcher plus avant; pris, pour ainsi dire, au dé-
pourvu et satisfaits d'ailleurs de ce coup d'essai qui
promettait pour l'avenir, ils firent sonner la retraite.

Cependant le comité central prenant en considération la duperie de la multitude, sa bonne volonté et l'urgence d'agir dans un moment si opportun,
décida qu'on s'occuperait sans retard d'une attaque
positive contre le Gouvernement monarchique; toutefois, et avant que de rien entreprendre, il voulut
s'assurer de la coopération des troupes. Des émissaires parcoururent les villes de garnison et les ca-
sernes, et parvinrent à détacher de leurs devoirs un
assez grand nombre d'officiers et de sous-officiers.

Le comité, assuré de l'appui d'une portion de la
force armée, fit toutes ses dispositions; il appela à
lui les différens chefs qui devaient commander le
mouvement; mais il restait encore un point sur lequel on ne s'était point entendu et sur lequel on ne voulait pas avoir de doutes. Il s'agissait seulement de
savoir quel Gouvernement on donnerait à la France.
Les jacobins parlaient de république; mais les bonapartistes, qui n'entendaient pas raillerie, deman-
dèrent comme condition *sine qua non* de leur coopération, le rétablissement du trône impérial. Les
jacobins cédèrent, ils se gardèrent bien de heurter
des passions si vives et si faciles à exalter.

On pense bien que les jacobins ne cédaient que
pour la forme, espérant bien s'emparer du pouvoir
après l'événement; mais les bonapartistes n'étaient
pas dupes de leur politique; aussi avaient-ils résolu

de les comprendre parmi ceux qu'il fallait préala-
blement mettre dans l'impossibilité de nuire.

Il ne restait plus qu'à savoir ce que l'on ferait des
Princes. Les bonapartistes parlèrent vaguement de
les renvoyer en Angleterre, mais l'avis des jacobins
prévalut : c'était de les tuer et de les jeter dans la
Seine ou dans un bassin des Tuileries, recouvert de
chaux vive.

Tout étant ainsi convenu, l'exécution fut fixée
au 15 août, à minuit. Un détachement de la légion
de la Meurthe, d'accord avec des artilleurs, devait
se rendre à Vincennes, prendre possession de la for-
teresse. Une salve d'artillerie devait annoncer cette
conquête, et donner le signal de marcher sur les
Tuileries, que des conjurés devaient livrer tout en
mettant le feu aux écuries du roi ; en même temps
on devait sonner le tocsin dans toutes les églises, et
se porter sur tous les points où l'on opposerait de
la résistance. Les 2.me et 5.me régimens de la garde,
casernés à Saint-Denis, devaient également, au signal
donné de Vincennes, se mettre en marche sur Paris;
enfin, les émissaires partis d'avance en province devaient soulever les garnisons et la populace, et propager le mouvement.

Cependant les chefs de l'insurrection, craignant
de n'avoir pas pris toutes les mesures convenables et
de ne s'être pas suffisamment attaché les troupes,
changèrent le jour de l'attaque et le remirent au
20 août. De nouvelles distributions d'argent furent
faites dans l'intervalle ; mais des indiscrétions furent
commises, des révélations furent faites, l'autorité prit
des précautions et ce projet échoua.

Tandis que la police recherchait les auteurs et
fauteurs du complot du 20 août, le parti se dispo-

sait à frapper de nouveaux coups. Il s'agissait d'insurger la garnison et la ville de Brest, et d'appeler aux armes la Bretagne où l'on s'était ménagé de nombreux partisans. Mais les conjurés avaient mis leur confiance dans un officier général qui se trouvait à Paris : il fallut le venir chercher ; les commissaires le décidèrent d'abord sans peine, il promit de partir ; mais au moment de monter en voiture, il changea d'avis ; il fallut faire un nouveau choix, et dans l'intervalle le Gouvernement avait pris des mesures qui rendaient toute tentative infructueuse.

C'est à cette même époque que le Piémont et l'Italie levaient l'étendard de la rébellion contre leur Gouvernement, et présentaient des constitutions à la pointe de l'épée.

Cette similitude de mouvement, cette coopération enhardit sans doute les révolutionnaires français ; car pour ourdir de nouvelles trames, alors même que l'autorité sévit, il faut ou des auxiliaires puissans, ou un excès d'audace difficile à décrire.

Mais les jacobins sont audacieux, excessivement audacieux, quand une fois ils sont en mouvement ; en voici une preuve irrécusable. Le Gouvernement, instruit de l'attentat projeté du 20 août, dut prendre toutes les précautions que suggérait la prudence et qu'exigeait sa sûreté et la sûreté de la France. Il ordonna l'arrestation de plusieurs individus présumés coupables, et chargea la chambre des Pairs de prononcer sur ce crime de haute trahison. De son côté la police ne négligeait rien pour saisir toutes les ramifications de cet attentat, et pour en découvrir tous les fauteurs. Eh bien ! malgré les précautions du Gouvernement, malgré les arrestations, malgré les investigations de la police, malgré la solennité donnée à l'affaire ; enfin, malgré que le glaive de la justice fût près de frapper, on conspirait encore même à Sainte-Pélagie. C'est à Sainte-Pélagie que fut conçu le projet de soulever un régiment en garnison dans une place du Nord, et dans lequel on s'était ménagé des intelligences. On devait, avec ce régiment, marcher au-devant de la légion de la Meurthe qui partait pour la Rochelle, et entrer avec elle à Douai, que des artilleurs prévenus d'avance s'étaient chargés de livrer. Ce mouvement devait être soutenu par un soulèvement en Lorraine et en Franche-Comté, et successivement en Alsace, en Dauphiné et en Bretagne.

Ce coup paraissant le dernier de cette époque auquel on attachât de l'importance, le grand-maître, qui dérogeait parfois aux règles de prudence et d'invisibilité, donna lui-même les instructions à l'émissaire, qui malgré son zèle et son activité arriva trop tard.

Depuis lors le comité renonça à une attaque de vive force, jusqu'à des circonstances plus opportunes. Les tentatives du général Berton, du colonel Carron, et celles de ces malheureux sous-officiers qui payèrent de leur vie la faiblesse d'avoir cédé à des suggestions perfides, n'entraient pas dans le plan général : c'étaient des actions isolées, décousues, que l'on excitait sans y attacher beaucoup de prix, et que l'on n'eût soutenues qu'en cas de succès.

§. XVI. Indépendamment des sociétés secrètes, particulières à la France, on y introduisit l'ordre Carbonico, dans l'intervalle qui s'écoula entre les dernières tentatives des jacobins et la guerre d'Espagne. Un grand nombre de jeunes gens, d'officiers et sous-officiers, de soldats et de simples ouvriers furent admis et reçurent leurs grades de délégués de la grotte obscure, c'est-à-dire de la vendite des grands-élus.

Il serait difficile de déterminer, même approximativement, l'étendue, en France, de la secte Carbonica; mais elle est assurément très-considérable. Toutefois, comme il n'y a pas de vendite proprement dite, conséquemment point de rassemblement particulier et spécial aux vues de l'ordre, il n'influe en aucune manière sur les opinions des adeptes, qui ne sont pas devenus jacobins parce qu'ils étaient carbonaris, mais carbonaris, parce qu'ils professaient les principes du jacobinisme.

Ce n'est pas seulement en France que la Carbonara a fait irruption, elle a étendu ses ramifications en Allemagne et surtout en Russie. Pourtant ce ne sont pas uniquement des Français ou des Italiens qui l'ont transportée dans ces régions lointaines, mais aussi des Russes qui sont venus la chercher à Milan, à Venise, à Rome et à Naples. La Carbonara n'est assurément point étrangère aux événemens qui se sont passés à Petersbourg, lors de l'avènement de Nicolas.

§. XVII. Les jacobins ayant échoué dans toutes leurs tentatives, ne paraissaient plus occupés qu'à corrompre l'opinion publique, lorsque les événemens de 1823 attirèrent leurs regards vers la Péninsule. A cette époque le Portugal était en fermentation, et l'Espagne, en proie à la guerre civile, attendait que la France vînt rétablir le calme dans ces malheureuses contrées.

Le comité directeur reprit son allure; mais il ne fut pas le seul qui formât des projets et voulût profiter du mouvement des troupes françaises et de

la guerre d'Espagne pour renverser le trône des Bourbons. Un homme, entre autres, sans importance il
est vrai, mais d'un caractère vif et entreprenant,
réunit ce qu'il put trouver de militaires, de jeunes
gens et de démocrates prononcés, et les entretenait
sans cesse de la nécessité de prendre les armes et
de se délivrer des tyrans et de la tyrannie. Ce club
acquit quelque considération par l'affiliation d'un
diplomate portugais, et de quelques membres des
cortès.

La première démarche de ces chefs de révolte fut
de provoquer les soldats à la désertion et à la rébellion. N'ayant pas réussi, ils envoyèrent en Espagne
des agens chargés d'organiser un corps des mécontens qui parviendraient à franchir les Pyrénées. Ce
corps devait arborer les couleurs tricolores et pro-
clamer Napoléon II, empereur des Français; puis,
aidés des Espagnols et des Portugais, opérer deux
débarquemens en France, l'un dans les environs de
Cette, pour gagner rapidement les Cévennes et de
là le Dauphiné, en côtoyant les montagnes de
l'Ardèche; l'autre sur les côtes de Bretagne, pour se
porter sur Nantes et sur Brest. Ce n'était qu'en
France, disaient les chefs, que l'Espagne et le Portugal pouvaient reconquérir leurs droits et leur
liberté. Cependant toutes ces manœuvres furent dé-
jouées par l'énergie des mesures, le dévoûment des
troupes et la fidélité des chefs.

§. XVIII. Mais c'est assez de conspirations à force
ouverte; il en est d'autres non moins évidentes, non
moins actives et plus dangereuses, que les jacobins
poursuivent avec toute la persévérance dont ils sont
susceptibles; car il ne faut pas croire qu'ils ne c ons-
pirent plus, parce que depuis quelques années ils n'ont

pas pris les armes : les jacobins conspirent incessam-
ment, toujours.

Jusqu'à présent leur projet n'a pas été de brusquer
les choses, et de venir pour ainsi dire attaquer en
pleine paix ; seulement ils ont profité des circonstances pour essayer leurs forces. Ils veulent agir len-
tement, parce qu'ils ont reconnu que la précipitation
était dangereuse et l'insuccès décourageant. C'est
donc à préparer les voies qu'ils travaillent.

Les jacobins ne redoutaient rien tant que le pacte
de famille fait entre les Rois, après la chute de Napoléon, et qui tendait à rendre leurs trônes solidaires ;
car, alors, il ne suffisait pas de triompher à l'intérieur,
il fallait encore résister à des forces étrangères, sous
les armes, et toutes prêtes à marcher. Mais ils n'igno-
rent pas que les alliances des Rois, toujours faites à
perpétuité, sont cependant rompues très-prochaine-
ment. Aussi n'ont-ils pas cru décourager leurs partisans, en annonçant qu'il fallait attendre la dissolution
de la Sainte-Alliance, à moins que des événemens
imprévus ne vinssent précipiter leurs mesures.

La Sainte-Alliance dissoute, disent-ils, il n'y a plus
rien à craindre des puissances voisines. L'Espagne et
l'Italie seront des auxiliaires, et non des ennemis ; les
Pyrénées et les Alpes se fermeront d'elles-mêmes ; la
Confédération du Rhin n'agira pas de son propre mouvement ; elle serait trop faible, elle a d'ailleurs à se
garder ; l'Autriche est trop occupée de la Grèce, de
la Russie, et surtout de l'incompatible Italie ; la Russie
a assez de ses propres affaires ; la Prusse peut à peine
arrêter l'explosion des idées libérales, et son armée
préférerait conquérir la liberté de ses concitoyens,
que de la ravir à un peuple voisin ; les Pays-Bas,
quoique régis constitutionnellement, regrettent trop

les Français pour songer à les attaquer ; quant à l'Angleterre, elle aiderait si elle ne restait neutre ; dans
tous les cas, elle ne se risquerait pas seule. Voilà pour
l'extérieur.

Pour l'intérieur, le système suivi par les jacobins
est de corrompre l'opinion publique, de détourner
le soldat de ses devoirs, de diviser les royalistes et
de renverser le clergé.

Ils attaquent l'opinion publique avec leurs journaux
et leurs livres qu'ils répandent jusque dans les campagnes les plus reculées ; et comme ils ne peuvent pas
toujours donner, et que le peuple ne peut pas toujours acheter, ils ont recours aux petits formats, et
les in-32 se délivrent aux ouvriers au prix de fabrique. Les lieux publics sont fournis de journaux, ainsi
que la selette du décrotteur du Pont-Neuf ; car ils ne
dédaignent aucuns moyens. Des nouvelles vraies ou
supposées, recueillies par leurs agens disséminés sur
toute la surface du royaume, servent de prétextes à
leurs déclamations ; et les actes les plus innocens sont,
sous leur plume, transformés en attentats manifestes
contre la sûreté et les droits des citoyens. Aucune
mesure émanée de l'autorité n'est à l'abri de leur cen-
sure, fût-elle prise à leur sollicitation. Les projets
du Gouvernement, quels qu'ils soient, provoquent
toujours chez eux une explosion de colère, de sar-
casme et d'injures ; des choses ils passent aux personnes, et répandent à pleines mains la calomnie
sur la vie publique et privée des agens de l'autorité.
Ils présentent sans cesse ces agens et le Gouvernement lui-même, comme ennemis déclarés de la France
et des Français. Ils s'emparent de tout pour faire du
bruit, afin d'étourdir et effrayer les Princes, dans

l'espoir qu'ils éloigneront leurs amis et leurs servi-
teurs fidèles.

Enfin, tout employé du Gouvernement est sans
mœurs, sans probité, sans esprit national; c'est un
tyran dans sa sphère, un séide du pouvoir, un mons-
tre dont la tête est vouée aux fureurs vengeresses.
Mais que ce même employé, manquant à ses devoirs,
force le Gouvernement à l'éconduire, il devient à
l'instant même un bon Français, un ami du peuple;
tous les bras lui sont tendus, toutes les bourses
lui sont ouvertes, son éloge est dans toutes les
bouches et dans tous les écrits.

Ce n'est pourtant point assez pour les jacobins
d'exciter, par des mensonges et des craintes chimériques, la haine du peuple contre le Gouvernement,
il faut qu'ils essaient de corrompre le soldat et
d'ébranler la fidélité de l'armée. Ils plaignent sans
cesse le sort des officiers, et leur présentent l'avenir
comme une époque de deuil, puisqu'ils vieilliront
dans les grades subalternes et qu'ils seront ren-
voyés avec peu ou point de solde, tandis que,
disent-ils, dans les arts, le commerce et l'industrie
l'homme parvient toujours à se créer une existence
honorable. Quant au soldat, ils cherchent à lui
rendre le service odieux, en le mettant en parallèle
avec l'ouvrier qui, libre de sa personne et libre
aux jours de repos, peut se livrer à tous les genres
de plaisirs et de distractions, et dépenser avec ses
amis l'argent que lui produit un travail volontaire.
Puis venant à l'obéissance due par le soldat, ils lui
disent que cette obéissance ne doit pas être purement passive; par exemple, qu'il ne doit jamais
se servir de ses armes contre ses concitoyens,
parce que ce serait agir contre lui-même, puisque,

son temps fini, il rentre dans la vie civile, et que lui, soldat, chargeant sur le peuple, il serait à son tour chargé.

Pour obtenir cette démoralisation rien n'est épargné, ni les peines, ni les soins, ni l'argent. On a même transformé en conciliabule politique, des lieux de prostitution, et des filles publiques, largement rétribuées, sont devenues les auxiliaires du jacobinisme.

Cependant tous ces moyens, quelque habileté qu'on mette à les employer, peuvent être insuffisans, car les soldats ne sont pas toujours sous la main des corrupteurs ; il ne faut donc pas attendre l'incorporation pour s'emparer de l'esprit des jeunes gens ; aussi les jacobins ne négligent-ils rien pour que le conscrit arrive au corps avec une éducation toute faite. S'ils ne réussissent pas toujours, ce n'est assurément pas leur faute.

Ennemis irréconciliables des royalistes, les jacobins ne laissent pas d'en caresser quelques - uns, parce qu'ils veulent opérer une désunion pour mieux vaincre ; et, comme leur système est d'attaquer le Gouvernement toujours, ils ont aidé de tous leurs pouvoirs les oppositions qui se sont formées dans les rangs monarchiques ; car lorsqu'il s'agit de frapper, peu importe qui frappe. Ils ont donc fait l'éloge de ces oppositions, et l'éloge est un piége avec lequel on prend les hommes. Sans doute, les royalistes n'ont pas accepté l'encens des jacobins ; mais ils ne se sont pas moins faits leurs auxiliaires, ils ne marchent pas moins sur leurs traces ; non pas, il est vrai, pour renverser le trône, car ils se sépareront là, s'il est temps encore, mais pour renverser tout ce qui l'entoure. Il est des royalistes qui combattent

pour

pour le pouvoir, c'est-à-dire qu'ils le voudraient pos-
séder ; ils combattent dès-lors tous les royalistes qui
le soutiennent actuellement. La ligne de démarcation
est bien tracée : il y a deux camps, deux bannières, et
c'est le plus beau spectacle qui puisse être offert aux
jacobins ; aussi sont-ils tentés parfois de se reposer
sur les armes et de laisser le champ libre aux royalistes, pour s'ébranler seulement à la fin de l'action
et ravir les lauriers du vainqueur.

Les jacobins connaissent trop bien les hommes
et leurs passions pour ignorer que l'ambition seule a
divisé les royalistes. C'est un fait dont ils profitent
habilement. Ils excitent l'opposition royaliste ; mais
si demain elle arrivait au pouvoir, ils exciteraient
contre elle le parti renversé. Mais comme ils pensent
à tout, ils ont pensé que les royalistes pourraient
finir par s'entendre, et faire la paix. Ils ont cherché
un nouvel aliment de discorde et mis en scène le
clergé. C'est le clergé, disent-ils, qui s'introduit partout, qui s'empare de tout, qui veut tout gouverner,
qui veut tout soumettre à l'Eglise..... le clergé, à
peine sorti des cachots, et portant encore la couronne du martyre ! Qui le croirait ? le résultat de
cette calomnie a dépassé l'attente des calomniateurs :
le royalisme s'est épouvanté, il a déclaré au clergé
une guerre à outrance ; et le malheureux prêtre qui
élève au ciel une main défaillante où se voit encore
l'empreinte des fers, et qui demande à Dieu de répandre le trésor de ses grâces sur la France et les
Bourbons, est un méchant, un ambitieux, un régi-
cide même qu'il faut se hâter de proscrire. Ah ! sans
doute, les royalistes et le clergé bien unis, eussent
formé devant le trône de saint Louis une barrière
difficile à franchir ; il fallait les séparer, il fallait en

faire des ennemis. Et c'est après la plus épouvanta-
ble révolution qui ait jamais accablé un peuple ;
c'est après que le prêtre et le royaliste défendant la
même cause, sont tombés sous le même fer, ont été
jetés dans la même fosse, que les royalistes accou-
rant à la voix de leurs bourreaux, les aident à dis-
perser ce clergé, déplorable reste de tant de fureur.

Si les jacobins se fussent directement portés les
accusateurs du clergé, le piége eût été trop grossier
pour n'être pas aperçu ; aussi ont-ils lancé dans
l'arène des champions royalistes, se réservant d'accumuler les calomnies et d'entretenir le scandale.

Mais, nous dira-t-on, vous parlez du clergé, et nous
attaquons les corporations religieuses, les jésuites.
Sans doute, vous attaquez les jésuites ; il serait par
trop absurde que vous attaquassiez ostensiblement
le clergé proprement dit : mais vous avez soin de
dire que les cardinaux, les archevêques et évêques,
les simples prêtres sont des jésuites. De cette manière vous n'exceptez rien et vous frappez l'Eglise
au cœur. Mais vous frappez en aveugles, car
nous aimons à croire que vous ne connaissez pas la
main qui vous dirige. Sachez bien que si les jésuites
étaient, comme on vous le dit, les ennemis des
princes et des rois, loin de les poursuivre, on les
soutiendrait, et que les jacobins les acheteraient au
poids de l'or et les honoreraient de l'apothéose.

Après que les jacobins vous eurent persuadé que
les jésuites étaient ambitieux et dangereux, ils vous
ont dit que le clergé était jésuite ; et une conséquence naturelle de votre première démarche, a été
de vous déclarer les ennemis du clergé. Ensuite les
jacobins vous ont dit : Il existe des congrégations
jésuitiques, les congréganistes sont jésuites ; donc ils

sont dangereux ; et vous êtes devenus ennemis des congréganistes. Ils vous ont dit : Il est des jésuites de robe courte : des pairs, des députés, des officiers, des employés sont jésuites de robe courte ; donc ils sont dangereux, et vous êtes devenus ennemis de ces pairs, de ces députés, de ces officiers, de ces employés. Ils vous ont dit : Tels et tels royalistes, tels et tels citoyens sont jésuites de robe courte ; donc ils sont dangereux, et vous êtes devenus ennemis de ces royalistes et de ces citoyens. Ils vous ont dit : Il est des jésuitesses : telles dames vont à la messe, à vêpres, au salut ; elles assistent aux réunions pieuses ; donc elles sont jésuitessès, et conséquemment dangereuses, et vous avez pris ces dames en haine. Ils vous ont dit : Le Roi . . . .

C'est ainsi, ô royalistes imprudens, que les jacobins sont parvenus à vous rendre suspect tout ce qui aime la monarchie.

Ce n'est donc pas sans raison que ces vétérans de 93 ont dit qu'ils avaient fait des jacobins blancs ; car des hommes qui n'ont jamais déserté la bannière des lis, ont cependant fait des vœux criminels qu'ils gémiraient sans doute de voir exaucés, s'ils étaient affranchis du fanatisme aveugle qui les dirige.

La prudence voudrait peut-être que nous nous arrêtassions ici ; peut-être déjà avons-nous trop parlé ; car nous n'ignorons pas que « le flambeau de la vérité brûle souvent la main qui le porte » ; mais ce que nous venons d'écrire est bien vague ; ayons la force, sinon de tout dire, au moins de nous faire mieux comprendre.

Lorsque ces hommes, qui se sont acquis la qualification de jacobins blancs, s'entretiennent des affaires politiques, et qu'on leur dit : « Il faudrait être

débarrassé du ministère. » Bah ! du ministère, répon-
dent-ils, à quoi cela conduirait-il ?.... Plus haut....
plus haut.... — Quoi ! plus haut, est-ce que vous
désireriez que ?.... — Eh ! oui.... — Mais c'est af-
freux..... — Et pourquoi cela ? un peut plus tôt, un
peu plus tard, qu'importe ; nous ne serons jamais
délivrés des jésuites qu'à cette époque ; car il les sou-
tient, il les veut....... — Vous croyez donc que
le *** renverra ces jésuites, et qu'il ne *s'enprêtrail-
lera* pas ?... — Nous le croyons, nous en sommes sûrs;
et certes, nous le tiendrons dans de bonnes dispositions......

Quoi ! vous étiez mécontens alors qu'un autre
était sur le trône ; nous avons été témoins de vos
vœux impies, nous vous avons entendus demander
au temps de hâter sa marche ; vous fûtes exaucés,
une fleur est tombée de la couronne des lis, et vous
n'êtes pas satisfaits ! Le serez-vous un jour ? Hélas !
non. Poursuivez donc votre marche, aidez les révolutionnaires, tombez sur le clergé, rendez-le odieux,
avilissez-le, car lorsque le clergé sera avili, il n'y
aura plus de prêtres; lorsqu'il n'y aura plus de prêtres,
il n'y aura plus de religion ; lorsqu'il n'y aura plus
de religion, le poignard arrivera plus facilement au
cœur des princes : vous aurez des Brutus, vous
aurez des Louvel ! Ensuite ? ensuite vous aurez ce
qu'on eut à Rome après les Tarquins, ce qu'on eut
en France après le 21 janvier; et vous ne croyez
plus à cette maxime burlesque : « Que le peuple est
un souverain qui ne demande qu'à manger, et que Sa
Majesté est tranquille quand elle digère ? »

Mais des prêtres, toujours des prêtres, direz-vous
avec les jacobins ; les temples en regorgent, la
France en est couverte, et les séminaires qui s'élèvent

de toutes parts en donneront bientôt à tout le monde chrétien. Hélas! où donc sont ces légions de lévites, si ce n'est sur le papier des ennemis du trône et de l'autel? car la moitié des églises sont encore sans pasteurs, et nous nous sommes assurés que dans des départemens voisins de Paris, l'Yonne, par exemple, il n'y a pas deux Ecclésiastiques dans des cantons de douze et quinze communes.

Qui donc enseignera au peuple la religion et l'amour de la monarchie? Est-ce vous, royalistes? en avez-vous le loisir? Si vous en avez le loisir, en avez-vous la volonté? Si vous en avez la volonté, en avez-vous la possibilité? Etes-vous, comme le prêtre, en contact immédiat avec les habitans; avez-vous, comme lui, leur entière confiance; descendez-vous à leur niveau; passez-vous vos jours avec eux dans l'intimité; exercez-vous à leur égard cette douce charité que commande l'Evangile; enfin, les recevez-vous à votre table; partagez-vous leur frugal repas, et votre parole pénètre-t-elle chez eux comme celle d'un père?

Mais le clergé n'agit que dans ses intérêts? Ecoutez, finissons ici cette discussion qui nous conduirait trop loin. Que deviendrait la religion si la monarchie était renversée? Elle serait abolie. Si la religion était abolie, que deviendrait le clergé? Il serait détruit. Le clergé ne doit donc son existence qu'à la monarchie; dès-lors il doit la soutenir; et si vous supposez qu'il ne recherche que son intérêt, cet intérêt sera dans la monarchie et pour elle.

Maintenant, dites-nous s'il y a des exemples de sociétés sans religion? Non. Pourquoi cela? C'est que, indépendamment de ce que le sentiment religieux est dans tous les cœurs, les lois humaines ne

suffiraient pas pour maintenir les hommes ; il faut
qu'ils sachent que rien n'échappe à la justice divine.
Or, on ne connaît pas Dieu sans lui rendre un culte,
et il n'y a pas de culte sans religion ; de même il n'y
a pas de monarchie sans société. Ainsi la religion est
indispensable à la monarchie, comme la monarchie
est indispensable à la religion, elles ne peuvent se
combattre sans péril.

Il est temps de nous résumer.

Il existe beaucoup de partis en France (1); et en se
ruant les uns sur les autres, ils doivent fatiguer et
le Gouvernement qui ne trouve que des obstacles,
et le Prince qui n'aperçoit que des passions. Dans
ce cas, le métier de Roi, comme l'appelait un puis-
sant Monarque, est le pire de tous.

Certes, le Gouvernement ne saurait être content ;
le clergé ne peut pas l'être, les royalistes ne le sont
pas, les constitutionnels non plus, les jacobins ne
le seront jamais ; il n'y a donc que des mécontens.

Le Gouvernement cependant peut faire cesser cet
état d'irritation, il le doit même. Or, nous ne comptons
que deux partis principaux, les autres ne sont que
des subdivisions. D'un côté, sont les royalistes, de
l'autre côté les libéraux. Eh bien ! c'est au Gouvernement à savoir quelle serait sa position actuelle et à
venir avec l'un et l'autre de ces partis, et à se décider à
marcher franchement et ouvertement avec celui qui lui
présentera plus de garanties et d'avantages certains.

Beaucoup de personnes se plaignent de la stagnation des affaires, et prétendent que toutes les carrières

---

(1) Nous parlerons bientôt d'un parti qui s'est formé pour porter
au pouvoir un personnage qui ne servirait que de marchepied.

sont fermées au peuple , que le commerce et l'industrie sont paralysés.

Ces plaintes sont-elles fondées? Non , et nous allons le prouver.

Lorsque la révolution française éclata , le peuple quitta la ligne qu'il avait jusqu'alors suivie. Le calme, qui lui était si nécessaire, fit place à une extrême agitation. Les soins de la famille , les travaux domestiques ne furent plus que des occupations secondaires ; l'objet principal fut la chose publique que chacun semblait vouloir diriger. Ce désordre, car il y a désordre toutes les fois qu'un corps est sorti de sa sphère ; ce désordre, disons-nous, fut poussé au comble par la destruction du trône et le nivellement qui en fut la suite. Comme il n'y avait plus ni premier ni dernier, la lice s'ouvrit pour tous, et chacun voulut la parcourir. La France toute entière fut en marche, et tout fut déplacé.

Ce nouveau régime , qu'on appelait le règne de la loi , fut menaçant et terrible ; bientôt ce fut le règne de la mort.

Au nom de la liberté les cachots furent remplis et les massacres organisés ; au nom de l'égalité les victimes furent égorgées.

La liberté fut pour les uns de pouvoir commettre tous les crimes , et pour les autres de pouvoir mourir ; l'égalité fut pour les uns de frapper à son tour , et pour les autres d'être atteints du même fer et de souffrir le même supplice.

Il fallut bien fuir cette terre de deuil, et chercher un asile sur le sol étranger. L'émigration laissa un vide immense dans l'armée , dans l'administration , dans la société. Cependant la guerre s'alluma dans l'intérieur et aux frontières ; de nombreuses colonnes furent organisées ; les administrations furent multipliées. Il y en eut dans chaque armée, dans chaque département , dans chaque district , dans chaque canton. Chaque ville eut aussi ses sociétés populaires, ses clubs , et le gouvernement, si simple autrefois et confié à un seul , devint d'une complication extrême , et fut abandonné à mille mains.

Une multitude innombrable d'individus devint nécessaire pour occuper tous les postes , et la France venait de faire des pertes incalculables. Qu'arriva-t-il ? C'est que ce service public appela des hommes qui, dans des temps ordinaires, se fussent destinés à toute autre carrière ; et comme ce changement de position était dans l'intérêt de la plupart , et que chacun recherche son intérêt , on ne soupira plus qu'après les emplois. Un nouvel aliment fut donné à ce feu dévorant, c'est la guerre qui continua, et fit une si ample moisson, qu'on put à peine fournir aux remplacemens.

Dans cette soudaine apparition de tout un peuple, il se trouva nécessairement des talens supérieurs, des génies sublimes que d'autres temps n'eussent point fait éclore ; mais aussi que d'incapacités ! Cependant tout se trouva placé, parce que tout était utile , indispensable.

Avec la guerre vint la conquête ; le cercle s'agrandit, et la France administra l'Europe.

Cet état pouvait-il durer ? Non, même sous Napoléon. L'Europe eût fait la paix, car les nations ne résisteraient pas aux fureurs éternelles de la guerre. Napoléon eût abandonné ses conquêtes ou les eût gardées. S'il les abandonnait, le nombre des emplois diminuait ; s'il les gardait, il ne pouvait pas toujours exhéréder les nouveaux sujets ; la politique et la justice eussent exigé qu'il les plaçât à leur tour, sinon dans leurs provinces, au moins dans la vieille France ; et dans ce cas, le nombre des hommes disponibles eût été en rapport avec l'accroissement du territoire ; et comme à l'origine de la conquête, tous les emplois étaient confiés à des Français, ceux-ci eussent nécessairement souffert de l'adjonction postérieure de nouveaux citoyens.

Napoléon suspendit ces conquêtes, puis il perdit le trône. La France rentra dans ses anciennes limites, et pour que tout eût été dans l'ordre, il eût fallu que les hommes se conformant aux événemens, abandonnassent des voies désormais obstruées par trop de concurrens. Loin de là, l'impulsion donnée précédemment ne fit que s'accroître : chacun se livra avec plus d'ardeur à des études improductives, puisqu'il n'y avait plus d'occasion de les mettre à profit. Mais parce que ceux-là avaient acquis de la gloire, des honneurs et des richesses, ceux-ci voulaient en acquérir aussi. On ne fit pas attention que les temps étaient changés, et que pour employer tout ce monde qui voulait absolument des places, l'on devait recommencer la révolution, la guerre et la conquête de l'Europe.

Non-seulement il est impossible de placer tous ceux qui eussent pu l'être sous le précédent Gouvernement, mais il est impossible de placer tous ceux qui eussent pu l'être sous l'ancien régime.

Il y avait autrefois des fonctions réservées à la noblesse, il y avait aussi des fonctions réservées à ce qu'on appelait le tiers-état, et celles-ci étaient les plus nombreuses. Mais la révolution ayant dévoré les plus hautes fortunes, le noble est forcé de briguer l'emploi que plus tôt il n'eût pas voulu accepter. Il y a dès-lors concurrence entre toutes les classes de la société.

Mais quand un noble vient à son tour et qu'il obtient un modeste emploi, on ne manque pas de dire que les postes sont fermés à quiconque n'est pas noble. Apparemment que la noblesse et ses malheurs devraient être des titres de réprobation ! Mais puisqu'on a voulu que la noblesse fût du peuple, il ne faut pas trouver mauvais qu'elle partage avec le peuple.

Ce ne sont pourtant pas les emplois publics seulement qui sont convoités, mais encore les emplois particuliers ; et ici il y a même affluence, même surabondance. Les études d'avoués et de notaires sont remplies d'aspirans dont les neuf dixièmes sont déçus ; car le nombre des charges est limité. Voilà donc une foule de jeunes gens forcés de renoncer à la carrière qu'ils avaient embrassée. Mais à qui la faute ? Faudrait-il donc créer autant de titres qu'il y a de familles en France ?

Même superflu au barreau. Il est à Paris seulement plus de six cents avocats inscrits ou stagiaires, sans compter ceux qui n'usent pas des prérogatives de leurs titres. Pour que chaque avocat eût quelques bénéfices, il lui faudrait une cause par jour ; or, comme il y a des jours de repos et deux mois de vacances, cela ne ferait au total que deux cents mille affaires par an : c'est une bagatelle ; mais cela n'existe pas, et la répartition n'est point égale, non plus que le talent ; dès-lors *les affaires ne vont pas* ; mais elles iront bien plus mal encore lorsque la salle des pas perdus ne pourra plus contenir l'ordre, ce qui ne tardera pas.

Et les médecins ! ne se multiplient-ils pas au-delà

de toute proportion ? Il n'est pas à Paris de maison qui n'ait son docteur ; il n'est pas en province de village qui n'ait deux ou trois chirurgiens. Ils trouvent *que les affaires ne vont pas, qu'ils ne font rien.* Mais en bonne conscience, faut-il écouter ces plaintes ? faut-il appeler la fièvre jaune à leur secours? On pourrait faire des plaideurs, mais des malades, c'est trop fort!

Les apothicaires imitent les médecins : ils se plaignent aussi, *la vente ne va pas ;* et bien entendu, la faute en est au Gouvernement, parce que le nombre des pharmacies n'est pas fixé, et qu'on ne prend plus de drogues. Ainsi, d'une part, il faudrait limiter le nombre des pharmacies, et d'une autre part, il faudrait abroger les lois sanitaires, et les remplacer par des lois qui permissent l'importation de la peste.

Les bouchers et les charcutiers ont trouvé très-bon que leur nombre fût fixé ; mais leurs compagnons trouvent très-mauvais de ne pouvoir pas s'établir à leur gré, et le peuple ne se soucie pas des priviléges.

Le commerce et l'industrie souffrent. C'est une erreur. Ce ne sont pas le commerce et l'industrie qui souffrent, mais les commerçans et les industriels ; car on consomme vingt fois plus aujourd'hui qu'autrefois : il se fait donc vingt fois plus d'affaires aujourd'hui qu'autrefois. Mais là où il y avait dix commerçans, il y en a maintenant deux cents ; là où il y avait une fabrique, une usine, il y en a cinquante. On retrouve le faubourg Saint-Antoine, la rue Saint-Denis et le Palais Royal dans la plus petite ville de province. Partout les négocians, les fabricans, les marchands, se pressent les uns sur les autres. Le moyen qu'ils fassent tous de grandes affaires?

Nul doute que, réduits à de justes proportions, ils n'aient d'immenses bénéfices; mais que sont ces bénéfices repartis entre un nombre infini de comptoirs ? Faut-il tenir table ouverte, changer chaque semaine sa garde-robe et son mobilier, et troquer ses terres contre des denrées, pour enrichir les commerçans? mais on n'en viendrait pas à bout, car alors ils multiplieraient comme le sable de la mer.

Cet élan donné au commerce et à l'industrie est dû à la restauration. Depuis dix ans les villes de provinces ont changé de face, des établissemens utiles s'y sont formés, c'est un bienfait de la paix; mais il faut des bornes à tout, et l'on a tout poussé à l'excès.

Par exemple, dans une petite ville de 6000 ames, à trente lieues de Paris, il s'établit en 1817 une maison de banque; deux ans après il y en avait quatre de plus : une faisait bien, cinq n'ont plus rien fait. Il s'établit une maison de commission ; il y en eut bientôt trois : il s'établit un entrepôt; il y en eût six dans l'année, et les bénéfices partagés furent à peu près nuls. 'Le nombre des marchands de drap, d'épicerie, de quincaillerie, de parfumerie et argenterie est dans une semblable proportion.' Qu'arriva-t-il ? C'est que tous ces marchands firent des commandes, les fabricans multiplièrent les usines, les produits furent considérables, mais la consommation, portée à son période, ne put s'élever au-delà : les commandes cessèrent, il y eut encombrement, mais non stagnation, comme on le dit ; car la consommation est la même, les produits et leurs distributeurs seuls se sont trop accrus.

Il n'y a qu'un moyen d'empêcher les plaintes, c'est d'assembler un congrès de toutes les nations du monde, et d'obtenir un monopole général.

Si la France ne peut pas consommer ses produits, il faut les exporter. Cela est juste ; mais est-ce la faute du Gouvernement royal, si les échanges avec les pays étrangers sont paralysés ? Est-ce lui qui a perdu les colonies, ou la révolution ? Il faut pourtant bien avouer que c'est la révolution.

Ce n'est pas non plus le Gouvernement royal qui a fermé les barrières du Rhin. Avant la révolution il y avait en Allemagne une foule de principautés qui redoutant les envahissemens de leurs puissans voisins, se mettaient sous la protection de la France : le commerce s'y faisait à très-peu de frais, et par conséquent avec un grand succès. Il a plu à Napoléon de fondre ces petits états pour en former des grands, et le premier usage qu'ils ont fait de leur force a été d'aider à le renverser. Aujourd'hui ils n'admettent pas nos productions en échange d'une protection qui n'est plus d'une nécessité urgente ; il faut traiter avec eux comme avec les nations du premier ordre. Ainsi, ce n'est pas seulement parce qu'il a été imposé des droits ou pris des mesures probibitives sur l'importation de leurs bestiaux et de leurs laines, que les échanges n'ont plus lieu, mais parce que Napoléon les a affranchis de fait de la protection qu'ils réclamaient autrefois de la France. Napoléon a pu agir en politique, mais assurément il n'a point agi en économiste.

Quant au commerce maritime, c'est cette longue suite de guerres qui a permis aux nations étrangères de former des établissemens sur tous les points, tandis que nous étions partout exclus ; et ce n'est pas en venant après elles, que nous pouvons les égaler, ni faire en quelques années, en soutenant une lutte, ce qu'elles ont fait dans un quart de siècle et sans concurrens.

Si Bordeaux, qui faisait autrefois un grand commerce avec Saint-Domingue, n'en fait plus que peu ou point, la faute en est à ceux qui ont perdu cette importante colonie.

Avant la révolution, Marseille, qui faisait en général un commerce immense, prenait entr'autres à bas prix des huiles sur les bords de l'Adriatique, dans les îles de l'Archipel grec, et à Malte ; elle les transformait en savon qu'elle exportait dans les mêmes lieux, avec des bénéfices énormes. Les Anglais sont venus mettre la main sur Corfou et Malte : Marseille a perdu son commerce, et c'est au général Bonaparte qu'elle le doit ; car s'il eût laissé Malte aux chevaliers, et les îles ioniennes à Venise, Malte serait encore française, Marseille commercerait avantageusement avec ces îles ; et si Napoléon n'eût pas voulu tout avoir, les Anglais ne seraient pas postés exclusivement sur les échelles du Levant ; n'est-ce pas lui aussi qui leur a donné le cap de Bonne-Espérance et qui a arraché l'Amérique méridionale à l'Espagne?

Revenons à l'intérieur de la France. Il y avait anciennement en province un grand nombre de justices secondaires, de contrôles, de greffes, de notariats ; ces places étaient peu importantes, mais elles suffisaient cependant aux besoins des titulaires. La révolution a fait disparaître ces justices, ces contrôles, ces greffes, et une mesure impériale a supprimé la moitié des notariats. Cette mesure, qui paraissait prise dans des vues d'intérêt général, n'était effectivement qu'un moyen d'arracher un plus grand nombre d'hommes aux fonctions paisibles, pour les jeter dans les administrations publiques et dans les armées. Le public n'a rien gagné à ces suppressions, les affaires ne sont pas mieux traitées aujourd'hui que précédemment, seulement un seul individu recueille les produits qui eussent suffi à plusieurs familles ; et cette centralisation nuit aussi aux communes, car tout se reporte sur celles qui ont été assez heureuses pour conserver les résidences. Si à ces suppressions on joint celles qui ont eu lieu dans les offices attachés aux tribunaux, on trouvera qu'il n'y a pas moins de cinq mille titres ou fonctions particulières supprimées en France. C'est donc cinq mille individus de moins à placer ; et si l'on calcule que sur dix titres il y a une mutation, c'est cinq cents individus qui eussent pu être placés chaque année.

Ces réflexions et bien d'autres que nous pourrions accumuler ici, on ne les fait pas : chacun s'efforce de gagner un brevet ou un diplome, et les arts les plus nécessaires, et l'agriculture manquent de sujets.

Il est bien que la jeunesse reçoive de l'éducation ; mais ce bien devient un mal, si l'éducation lui fait mépriser l'état auquel elle paraissait destinée, et concevoir des espérances qui ne peuvent pas se réaliser. Au surplus, nous dirons franchement que nous croyons que la classe intermédiaire veut acquérir trop d'instruction, et que le peuple ne veut pas en acquérir assez ; car nous pensons qu'il faut que le peuple soit éclairé, et en cela nous ne partageons pas l'opinion de quelques philosophes modernes, notamment du grand propagateur des lumières (1),

---

(1) Lettre de Voltaire à M. Damilaville, 19 mars 1766.

« Il y a dans le discours de M. de Castilhon, un bel éloge de cette vraie philosophie qu'il rend compatible avec la religion, ainsi qu'il le devait faire dans un discours public. Le Roi de Prusse mande que, sur mille hommes, on ne trouve qu'un philosophe,

Voltaire, qui disait qu'il n'était pas nécessaire que le peuple fût instruit, qu'il n'était pas digne de l'être.

---

il en excepte l'Angleterre. A ce compte, il n'y aurait guère que deux mille sages en France; mais ces deux mille, en dix ans, en produisent quarante mille, et c'est à peu près tout ce qu'il faut; car il est à propos que le peuple soit guidé et non pas qu'il soit instruit; il n'est pas digne de l'être.

FIN.

www.ingramcontent.com/pod-product-compliance
Ingram Content Group UK Ltd.
Pitfield, Milton Keynes, MK11 3LW, UK
UKHW022341070726
13614UKWH00003B/1115